imaginist

想象另一种可能

理
想
国
imaginist

女生万岁

一本书解答女生的青春期困惑

[法]塞维利娜·克洛夏尔 著

[法]安娜·吉亚尔 [法]塞西尔·于德利兹埃 绘

戴雨辰 刘一一 译

北京日报出版社

Vive les filles !
Written by Séverine Clochard / Illustrated by Anne Guillard & Cécile Hudrisier
Vive les filles © Editions Milan, 2023
All rights reserved.

北京版权保护中心外国图书合同登记号：01-2023-5687

图书在版编目 (CIP) 数据

女生万岁：一本书解答女生的青春期困惑 /（法）塞维利娜·克洛夏尔著；（法）安娜·吉亚尔、（法）塞西尔·于德利兹埃绘；戴雨辰，刘一一译 . -- 北京：北京日报出版社，2024.5

ISBN 978-7-5477-4790-2

Ⅰ . ①女… Ⅱ . ①塞… ②安… ③塞… ④戴… ⑤刘… Ⅲ . ①女性－青春期－健康教育 Ⅳ . ① G479

中国国家版本馆 CIP 数据核字 (2023) 第 254137 号

责任编辑：姜程程
特约编辑：魏　舒
封面设计：贾梦瑶
内文制作：贾梦瑶　陈基胜

出版发行：北京日报出版社
地　　址：北京市东城区东单三条 8-16 号东方广场东配楼四层
邮　　编：100005
电　　话：发行部：（010）65255876
　　　　　总编室：（010）65252135
印　　刷：北京盛通印刷股份有限公司
经　　销：各地新华书店
版　　次：2024 年 5 月第 1 版
　　　　　2024 年 5 月第 1 次印刷
开　　本：710 毫米 ×1000 毫米　1/16
印　　张：14.5
字　　数：180 千字
定　　价：118.00 元

版权所有，侵权必究，未经许可，不得转载

如发现印装质量问题，影响阅读，请与印刷厂联系调换：010-52249888 转 8763

目 录

4
朱莉的信

5
如何使用这本书？

6
如何与身体做朋友？

42
你是谁？

70
友情很神圣！

102
你有喜欢的人了！

122
学校没问题！

156
家庭星球

194
学校之外也有生活

225
索引

226
致谢

朱莉的信

嘿,我是朱莉!我常常跟你这个年纪,也就是大多在9—16岁的青春期女孩聊天交流,而这正是我热爱的工作和生活。我很了解你的日常,那些小尴尬和大烦恼我通通关心。我很清楚,青春期这三个字对你来说并没有那么简单,所以我写了一本好读易用的指南来帮助你更轻松地度过这段特殊时期。

如果你想了解青春期是如何发生的,如果你想知道怎么能交到更多朋友,如果你对男孩的世界一无所知,如果你渴望更好地融入学校和家庭生活,不用再四处搜索打听了,你所有的疑惑将在这本书里得到解答。

我专门准备了你很喜欢的趣味心理测试,还会手把手地教你应对难题的各种实用技巧,而且,我还邀请了许多同龄人来分享她们遇到相似问题时的心得和妙招。对于比较复杂的问题,我也帮你请教了这个领域的专家及老师。比如,为了解答女孩睡不好的问题,我请教了一个专攻睡眠问题的医生,他会告诉你怎么做更容易睡个好觉;又比如,我采访了经验丰富的老师,她会告诉你怎样学习可以记得更牢、效率更高。我希望我的分享能切切实实地帮到你,让你成长,也让你安心。

最后,祝你阅读愉快!

《女生万岁》为外版引进图书,少数观点和国内有些许文化差异。
——编辑注

如何使用这本书?

本书一共分为7章,每一章都有明确的主题,几乎涵盖你日常生活的方方面面。

4 个主要栏目

知识贴士
某个方面你最需要了解的基础知识。

为你支招
在这个栏目里,我会跟你分享应对某些状况时有哪些好方法,你的同龄人也贡献了她们的心得和妙招。

难题急救
你遇到棘手的难题了吗?别慌!我和青少年领域的专家以及你的同龄人都会为你答疑解惑。

趣味测试
轻松有趣的一问一答之间,你将更完整地认识自己。

☁ 专家的解答会让你更加理解现象背后的原因。

☁ 来自同龄人的心得和妙招。

这是一本供你查阅的工具书,不必通读全书,可以先在索引中找到你想了解的关键词,翻到对应的页面查看。

如何
与身体做朋友？

长大哪有那么容易的！看着镜子里的自己——太矮、太胖、满脸痘痘等，是不是很难对她感到满意？青春期，哪怕只是听到这三个字，你都会觉得有点不自在。是时候好好了解一下自己的身体啦，接下来我会跟你分享爱身体的具体方法……

知识贴士

青春期的 4 条真理	10
关于乳房发育的真相	12
关于月经的真相	16
5 节课学会好好吃饭	23
4 个习惯让你拥有女王般闪亮秀发	30
我腿上全是毛，都不敢穿裙子了	31
变美小窍门	34
关于牙套的真相	38

为你支招

经期：选择哪种卫生用品？	18
青春期不简单！	21
3 个习惯让你拥有婴儿般的肌肤	28
催眠秘方	37
如何对香烟说"不"！	40

趣味测试

真相大揭秘	8
你迫不及待想要长大？	20
你有良好的饮食习惯吗？	27
你睡得怎么样？	35

难题急救

好消息是：你很正常！	9
我必须穿胸罩吗？	14
月经让我好害怕	15
有人取笑我的身高！	19
我很爱吃汉堡，会不会变成一个大胖子？	22
我觉得自己太胖了！	24
我太瘦了！	26
我满脸都是青春痘，这是怎么回事？	29
我出汗太多，一身汗臭	32
我总是忍不住咬指甲！	33
我入睡困难	36

趣味测试

真相大揭秘

以下表述符合你的真实情况的，记1分。

- ☐ 我有时会无缘无故地哭。
- ☐ 我是班上个子最矮的，真烦人！
- ☐ 大家肯定都知道我来过月经了。
- ☐ 我希望胸部可以更丰满一点。
- ☐ 为什么就我长痘痘，其他人都没有？
- ☐ 我所有朋友都来过月经了，就我没有，好烦。
- ☐ 我的想法总比别人多，这有问题吗？
- ☐ 我的胸比别人都小，正常吗？
- ☐ 我来过一次月经了，可到现在2个月过去了，还是没有一点动静。肯定是哪里出问题了。
- ☐ 我讨厌所有人都盯着我的胸部看。
- ☐ 我希望爸爸妈妈能抱抱我，却不敢跟他们提出来，我怕说出来显得幼稚。

- ☐ 好奇怪，我的阴部和腋下都开始长毛了。
- ☐ 我感觉自己变胖了。
- ☐ 我内裤上有白色黏液。
- ☐ 我发现我的朋友都特别幼稚。
- ☐ 我不敢跟妈妈聊乳房和月经。
- ☐ 我的父母根本就不懂我。
- ☐ 我在考虑是不是该穿胸罩了。
- ☐ 在更衣室当着大家的面换衣服，我有点不自在。
- ☐ 月经让我有点焦虑。
- ☐ 我感觉自己变了。

你得了3分以上？那这本书就是为你而写的，继续往后翻吧！

塞维利娜·克洛夏尔测试

好消息是：你很正常！

所有这些不舒服的感觉都跟一件事有关：青春期。放心，青春期不是病，而是一个人从儿童期走向成人期的必经阶段，它是一个丰富复杂又充满惊奇魔力的过渡时期，在这段时间里，你可能会经历剧烈的情绪波动，会迷茫，会好奇，会有各种各样的问题。不用害怕，这并不是你第一次面对生活的考验，还记得蹒跚学步时的艰难和初入学堂时的忐忑吗？你都挺过来了。生活总在不断变化，我们也在不断适应，这样的互动非常美妙，成长和进步也随之而来。困难难免，好在青春期不过是你漫漫人生中的一次转折。既然大家都过来了，你为什么不能呢？

专家提示：

长大会让你害怕！你觉得难，是因为你不能控制也无法选择，身体变化不依照你的意愿，也不会提前问你是否准备好了。无论是照镜子还是跟父母相处，你都觉得自己像是变了个人。

有奇怪的感觉再正常不过。你一方面自豪于即将迈入成年世界，另一方面依然保留着许多爱玩的童心。放轻松，虽然你的身体已不再稚嫩，但这并不意味着你必须时刻做个成熟女性。那需要时间，需要点滴经验的积累。

如果别人的目光或评价让你不舒服，一定要大胆地说出来，你的感受很重要，要让他们知道。

多米尼克·加菲·勒麦尼昂
临床心理学家，精神分析学家

知识贴士

青春期的4条真理

别到处找了，你想知道的都在这里！

1. 每个人的节奏都不一样

你想知道自己会在什么时候进入青春期？哪怕是专业的医生也没有办法告诉你具体的日期。一般来讲，女孩会在 9 岁到 12 岁开始发育，而男孩要晚一些，会在 10 岁到 13 岁开始发育，但是个体之间存在着差异，有人会提前一些，有人会推迟一些，都是可能的，这一切取决于你的大脑何时发出指令。我们的大脑，就像一个交响乐队的指挥，青春期来临时，它会向你身体里沉睡已久的一些腺体发出信号，这些腺体会在苏醒的过程中让你的身体发生翻天覆地的变化，它们往血液里输送各种激素和化学物质，让器官的变化一个接着一个发生，如同多米诺骨牌。这些腺体包括卵巢，卵巢会在青春期开始后分泌出几种激素——雌性激素、孕激素和少量雄性激素，乳房因此开始发育，月经初潮也会来临。

2. 你有时间来适应新变化

青春期持续时间平均为 4 年，你看，所有的变化都不是突如其来的，虽然说这些变化来得很猛烈，有时候还会让人烦恼，但它们是循序渐进出现的。一般来说，乳房会最先开始发育，接下来阴部和腋窝会生出毛发，乳房会持续隆起。毛发也会变得更加浓密厚实，你也会在自己的内裤上发现一些白色的痕迹，它们是白带，与此同时，你还会开始蹿个儿。青春期的最后一个阶段是月经初潮的来临。刚开始月经间隔时间很不规律，到后面它会慢慢形成一月一次的规律，你的身体也终于蜕变成了一个成年人的身体。

3. 没有人能躲过青春期

没人能躲过青春期，不管是男孩还是女孩，无一例外都会经历青春期，也许你非常期待青春期的来临：这一刻我等了好久啊。也许你对青春期感到恐惧：这一切都变化得太快。你不喜欢这些变化，更不喜欢别人看你的眼神发生变化。长大不是一个一蹴而就的过程，你有充分的时间来适应和熟悉自己的新身体，不过很难说所有变化都让你满意，尤其在这样一个你很想跟同伴保持一致的年纪。所以，如果想拥有一个更自在的青春期，就不要总将自己跟周围的小伙伴比较，因为每个人都有自己独特的发育节奏，生物钟都是独家定制的，有快有慢，有早有晚，它何时启动，并不取决于你我的意志。

4. 你的青春期对父母来说也不容易

很多时候，父母不是不想而是不知道该怎么跟你聊这个话题。有些父母会假装看不见孩子在变化，他们宁愿自己的女儿永远是一个娇弱的小宝宝，而有的父母会为孩子的成长而感到骄傲，曾经的小不点儿终于蜕变成成熟女人了，只不过他们庆祝的方式可能会让你不舒服，在这种情况下一定要说出你的感受。你还可以时不时邀请他们回忆一下自己的青春期，这会增进他们对你的理解。

知识贴士

关于乳房发育的真相

你听说过不少"八卦"了：有人说会疼，也有人说不疼，还有人说它是一下子变大的……停！下面才是你要知道的真相。

乳房是一夜之间变大的（假）

乳房开始发育的信号是乳晕变大，乳晕是即将突起的乳头周围颜色较深的环形区域。乳晕变大之后，乳房会渐渐隆起，有人快有人慢，乳房的形状和大小要在开始发育4年后才能定型，你有充足的时间来适应乳房发生的变化。

12岁乳房还没开始发育是正常的（真）

每个女孩开始发育的时间点不一样，一般来说，乳房会在9岁至13岁开始发育，如果过了15岁还没有动静，就需要去看医生了。

两侧乳房会同时变大（假）

一般而言，乳房总是先从一侧开始发育的，而不是同时的。但请放心，细微的差距很快就会被追平。实际上，极少有人双乳大小是完全一致的。乳房的形状及大小也不是固定不变的，从瘦小到丰满，从锥形到球形，它们会在你的一生中不断变化。

所有人都能看到我的胸罩（假）

有些肉色胸罩很隐蔽，被称为"女人的第二层皮肤"，你可以咨询内衣店店员，也可以在网络购物平台搜索。只让你信任的朋友知道你穿戴胸罩，其他人是很难注意到这个秘密的。

鼓起的乳房引人注目（真）

把鼓起的乳房完全遮起来确实挺难的！有时候会有冒失的男孩甚至是成年男性对它们指指点点，但你不用因为乳房发育而感到哪怕一点点羞耻，它们非常可爱，是你正在长大的重要标志。你可以选择不去理会那些无聊的评价，他们会因无趣而停止，但如果你真的感觉被冒犯了，要给予严厉的回应。如果一开始突起的乳房让你感觉特别不自在，可以穿宽松点的外套。但不要含胸驼背，这不仅会让你的体态不美观，也容易造成脊椎问题。

最好跟妈妈谈一谈（真）

她是最适合给你建议的人，只是你并非总能鼓起勇气和她谈谈。也许她和你一样害羞，一直等着你先打开话题呢？主动一点，就说"你有一个朋友，碰到了什么问题"，害羞和尴尬可以减轻不少。如果你和妈妈不够亲近，还可以向其他你信任的女性求助，姐姐、姨妈、姑姑或者聊得来的女老师都可以。

乳房发育会很疼（假）

当然不是！顶多时不时有轻微的胀痛，完全在你能承受的范围内，而且这种感觉很快就会消失。

最好要穿胸罩（真，假）

运动的时候当然需要穿运动内衣，因为乳房不同于肌肉，它之所以能保持挺立的状态，是依靠它周围的皮肤和韧带。运动内衣可以有力支撑乳房，防止剧烈震动对它的伤害。但穿戴胸罩并不是必需的，你也可以选择不穿，尊重自己的感觉，怎么舒服怎么来。

难题急救

我必须穿胸罩吗？

你的身体，你来决定。你觉得需要就穿，觉得不需要，就不穿。大部分女孩开始穿戴胸罩是不希望运动时乳房受到伤害。想要选择适合自己的胸罩，需要测量胸围。测量上胸围，是以乳房突起处为测量点，用软皮尺水平测量胸部最丰满的地方一周得到的数据。下胸围是用软皮尺水平测量乳房下缘一周得到的数据。上胸围减去下胸围的差值就是罩杯，10cm=A 罩杯，12.5cm=B 罩杯，以此类推。

专家提示：

第一次购买胸罩，需要一个你信任的女性陪同，不一定是妈妈……试穿胸罩的时候记得扣从外到内的第二个扣子来判断松紧。内衣的样式没那么重要，最关键的是支撑性和舒适度，长时间穿不会磨破乳头，不会让你感觉紧绷。如果胸罩有钢圈，一定要让钢圈处于乳房下围的弧线。要多向热心的店员寻求帮助，她们能给你很好的建议。乳房被她们看见不用害羞，她们的工作就是为每一对乳房选择合适的衣服！

莱蒂亚
内衣店店员

@玛丽，12岁

以前我穿的都是背心，直到有一天我发现运动时乳房会动来动去，就让妈妈陪我去了商店，她帮我挑了人生中的第一件胸罩。

@阿娜伊斯，13岁

我是先跟姐姐说的，她把穿不上的胸罩送给我，后来我就自己去买了。我要买罩杯最小的，每次都试完才买！

@瓦娜萨，12岁

有一次放假我去外婆家，一起逛街的时候，外婆指着一件胸罩若无其事地对我说："这件很漂亮，难道你不想试试吗？"从外婆家度完假回到家里，我特别骄傲，我觉得自己是个真正的女人了！

月经让我好害怕

流这么多血不对劲啊!

我理解你的担忧!之前流血都是因为受伤,这次出血怎么跟以往不一样了?这样思考完全符合逻辑,很可能你还会担心失血过多,甚至害怕身体里的血就这样流干。放心,月经是所有女性要经历的自然生理过程,是一个人走向成熟的标志。一般来讲,女孩大约在11岁半前后经历月经初潮,一次月经持续几天,结束之后就不再流血,直到下一次开始。

但别忘了我一直在强调的,每个人的发育节奏是不一样的。有人月经初潮是在9岁,也有人是在15岁,有人月经流血量大,有人量小,持续时间也有长有短(正常为3天至8天)。至于一次月经的流血总量,仅仅勉强能装满一个杯子!现在你知道了吧,实际的流血量远低于你的想象。

专家提示:

你可能好奇过月经的血是从哪里来的,答案是子宫,一个位于女性下腹部的器官,子宫内壁覆盖了一层黏膜,叫子宫内膜。每隔一个周期,子宫内膜会在激素的作用下发生增生,自然增厚然后从子宫内壁剥落,引起宫腔出血,血液从阴道口排出,这就是月经的过程。月经之后,子宫内膜重新生长,在下个周期又再次剥落。

阿妮克 – 布维 · 拉左特
妇科医生

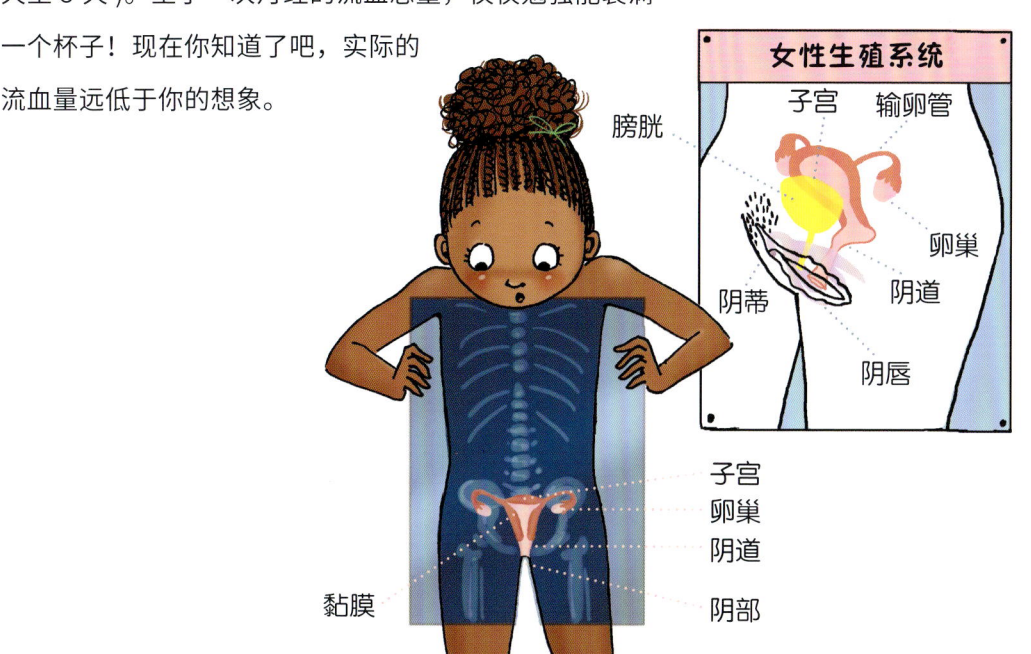

女性生殖系统

膀胱
子宫
输卵管
阴蒂
卵巢
阴道
阴唇
子宫
卵巢
阴道
阴部
黏膜

知识贴士

关于月经的真相

有太多耸人听闻的错误认知，是时候一一澄清了。

来月经后就不长高了（假）

不对！青春期刚开始，你的个子可能会一下子蹿得很高，月经初潮之后，成长速度会稍微放缓，但绝不是完全不长了。

月经来之前毫无征兆（假）

的确，没有人能准确预测月经初潮的时间，不过，还是有一些信号可以提示你它的脚步正在走近：一般来讲，月经初潮发生在乳房发育、阴毛与腋毛生出后的 18 个月至 24 个月。另外，如果你在内裤上发现白带的痕迹，也说明月经快来了。从这些迹象出现开始，你就可以做一些简单的准备工作了，比如在书包里放一两片卫生巾。请放心，月经期流血绝不是你所想象的洪水泛滥。月经来临前，内裤上一般会出现一些浅褐色分泌物，给你预留一些反应时间，做好保护工作。

月经没有规律（真，假）

月经在最初阶段的确没什么规律。月经初

潮和第二次月经之间可能间隔好几个月，也可能间隔几个星期。这都是正常的，生理周期形成规律需要一些时间，一般是两年。规律之后，一次月经周期是 21 天到 35 天，差不多是一个月的时间，它也因此得名。

来月经会很疼（真、假）

大部分女孩在月经期间不会有明显痛感，但有些女孩会感受到小腹及背部疼痛，这跟遗传有一定关系，可以问问你妈妈是否有痛经的情况。假如你实在疼得厉害，一定要让她带你去看医生，医生会找出病因并帮你减轻疼痛。

月经期我感觉自己跟之前不一样了（真）

月经期间，你的身体会经历激素的变化，你可能比之前更容易紧张、发脾气或情绪低落。放心，这些不适几乎所有女性都会经历，只不过程度上有轻有重。你可以向妈妈或周围的女性咨询。

月经期间不能下水（假）

如果你特别喜欢玩水，不用给自己下一道禁令，理论上，月经期间去泳池或者到温热的海水里游一会儿泳没有任何问题，只是要做一些防护措施，比如用卫生棉条替代卫生巾。不过，如果水温太低，还是建议你不要下水了，容易肚子痛，要倾听身体的反应。

月经有点麻烦（真）

月经的确会给生活带来一些不便，而此时此刻的你，也还不知道月经赋予了你什么样的神奇能力。等你长大之后，也许有一天会渴望孕育小孩，而月经的到来正意味着你具备了生育能力。所以，千万不要因为月经而感到羞耻，这是非常自然的生理现象，它出现说明你的身体很健康。

为你支招

经期：选择哪种卫生用品？

初阶选项：一次性卫生巾或经期内裤

这些更容易上手的卫生用品非常适合刚来月经的你。卫生巾可以通过胶带直接粘贴在内裤上，非常方便！不过它含有许多化学物质和塑料，不太利于环保。而经期内裤由多层吸水织物制成。你可以白天一直穿着它，晚上换下来洗！不过缺点是它的价格相对高一些，需要准备好几条替换。

高阶选项：卫生棉条、可洗卫生巾和月经杯

在你更加熟悉自己身体后可以试试！卫生棉条是在阴道内部使用的卫生用品：它是一个棉制的管状物，上面有一根绳子，你需要将它插入阴道之中使用。一开始不是很容易，多试几次就会成功！优点是你几乎感觉不到它的存在，经期可以做任何事情。缺点是你可能会忘记更换，这有可能损害健康！它也不是特别环保……可洗卫生巾的使用方法和一次性卫生巾类似，只是你用完需要收好，带回家洗涤。月经杯是一种硅胶制成的小杯子，需要放入阴道。它不吸收而是收集血液。你需要定期将它取出并清空，清洁杀菌之后可以再次使用，长期来看非常经济。只是对于新手来说，将它顺利放入阴道是有点难度的！

☆ 金律 ☆

不管用什么卫生用品，都要讲卫生，除了睡觉时，其他时间都要每 3—4 个小时更换一次，更换前后要记得洗手。另外，你用得舒不舒服也很重要，不舒服了就换其他的。第一年用卫生巾，之后再试试别的，同时用好几种也不是不可以呀！

@艾玛，12岁

可以跟妈妈聊聊，她肯定能帮到你，我现在是用的经期内裤，一种带吸收层的内裤，可以穿很久不更换，不过价格不便宜就是了。

@玛丽，12岁

一定要多试试，看看哪一种用起来最方便最舒服。我现在白天用卫生棉条，晚上用卫生巾。

有人取笑我的身高！

你对自己的身高不满意，恨自己太高，或嫌弃自己太矮。没错，身高有时就是会叫人烦恼。跟同班同学站一起时，像个巨人或像个侏儒都有点尴尬。

青春期之前，身高的增速比较平缓，每年一般长 5—6 厘米。而一到青春期，你就开始"蹿个儿"了，一年可以长 8—10 厘米！只不过哪怕是同龄人，青春期也来得有早有晚。正因为大家身体的发育时间各不相同，身高有差异就再正常不过了。

很可惜，没有能立即解决这个烦恼的灵丹妙药，只有耐心等待时间稀释这个问题。有一点请放心，能否得到成功和幸福跟高矮没有半点关系！

专家提示：

你成年之后有多高现在还很难判断。虽然可以从你父母那里看出一些苗头，但是你的身高不一定完全遗传自他们。记住，身高在生活中无足轻重，而且总能找到一些办法来补救，比如穿增高鞋、通过运动来塑造形体……只要你的身高增长曲线符合生长规律，就没什么可担心的。但如果你突然停止长高，或者增长速度放慢很多，那最好去看看医生。

贝阿特里丝·儒埃
儿科医生，
肥胖症及青少年成长问题专家

@卢安，13岁

长得高会更有气势，而且，你总能呼吸到高处的新鲜空气而不用忍受人群里的汗臭。

@芙洛拉，11岁

个子矮容易显得幼稚，但你可以表现得成熟一些，符合自己的年龄。

趣味测试

你迫不及待想要长大？

成长是一次历险，每个人都有自己的步调。你呢？

1 如果你有一面魔镜，你希望镜子里展现的是：
- 👻 20 岁的样子，旁边站着你的未婚夫。
- 💗 15 岁的样子，正在读初三。
- 😀 你换了新发型的样子。

2 你为了让自己显得更成熟，化了妆：
- 💗 去参加派对倒是不错……
- 😀 还是别了，会弄得很滑稽！
- 👻 你试过了，效果挺满意的。

3 一想到青春期到来之后你的身体将会大变样……
- 👻 好激动啊，迫不及待想看到变化！
- 😀 你嘻嘻一笑，反正也不会明天就变身！
- 💗 你有点焦虑，如果变成你不想要的样子呢？

4 吸引你目光的男生……
- 👻 年纪会比你大一点，聪明有趣。
- 💗 和你差不多年纪，有很多共同话题。
- 😀 一个都没有！爱情不是现在该考虑的事儿！

5 青少年的世界：
- 😀 就是另一个星球！
- 💗 很吸引你。
- 👻 你只期待一件事：赶紧加入，快一点！

最多 👻：
比赶火车还要着急

长大是你梦寐以求的事情！在你眼中，未来比现在有吸引力多了。你恨不得早点变老，如果周围的大人把你当小屁孩，你会很恼火。但如果一心想着跨过现在进入未来，你会错失很多当下的美好时光。别着急呀！

最多 💗：
着什么急呢……

"慢慢来才会快"，这是你最爱的格言。长大并不会困扰你！你当然也会有一些愿望，有一些计划，而在等待愿望实现的过程中，你觉得没什么好担心的。

最多 😀：
无忧无虑

就算是下一周，你都觉得是遥远的事，更别提什么未来了。在你看来，长大也不是什么大不了的事，长高几厘米罢了。"不要为明天忧虑，因为明天自有明天的忧虑"，这是你的处世哲学。

青春期不简单！

你在这个阶段是不是觉得挺难的？有很多疑问？大家和你一样，听听她们怎么说。

⭐ 青春期就像是一扇门，推开门，你就进入了另一个世界。我不是特别着急走进去，但我也不害怕。我只是很好奇为什么一个人能在那么短的时间里发生那么大的变化。

@ 梅，11 岁

⭐ 对爸爸妈妈来说，青春期也是一道难题：我们不再像小时候那么需要他们了，这让他们很难接受。我发现自己好像变成了另一个人，还挺兴奋的。

@ 康诗坦丝，13 岁

⭐ 青春期挺烦人的，尤其是跟父母聊起这方面话题的时候，你很严肃地跟他们交流，他们会叽叽喳喳说个不停。

@ 芙洛拉，11 岁

⭐ 我 9 岁半就来例假了，总感觉自己跟别人有点不一样，我是班里最小的，却是班里发育最早的，不过，鼓起的乳房好美呀。

@ 阿加特，10 岁

⭐ 青春期有一点很尴尬，就是男孩发育比女孩要晚一点。我的胸部平得像一块案板，班上的男生就总是嘲笑我，年龄大一些的男生根本就不会关注这些。

@ 莫娜，12 岁

⭐ 我清楚地记得自己是在一个星期三来月经的，当时刚游完泳，几个小时之后就流血了，我一下子害怕起来，哭了。后来我意识到自己已经是个女人了，就很开心。

@ 罗拉，12 岁半

⭐ 去年我的乳房开始发育了，一开始像个小鼓包，碰一下还有点刺痛，之后一边竟然比另一边要大不少，不过，现在已经差不多大小了。

@ 劳拉，11 岁

难题急救

我很爱吃汉堡，会不会变成一个大胖子？

"不要吃高脂、高盐、高糖的食物，小心反式脂肪酸！"这样的广告语哪儿都能看到，所以你才会产生这样的担心。在法国 8—14 岁的儿童和青少年中，有将近四分之一是超重甚至肥胖的，男孩超重的比例是女孩的两倍，但是请放心，偶尔吃一次快餐是不会变成大胖子的，肥胖的原因比这个要复杂多了。

研究发现有两件事跟肥胖密切相关：缺少体育运动和不良饮食习惯。此外，易胖体质是可能遗传的。不过，即使你的家族有肥胖基因，只要你饮食均衡，注意体育锻炼，一般是不会超重的。

专家提示：

肥胖是因为体内脂肪堆积过多，换句话说，就是吸收的能量大于实际消耗的能量。小孩和青少年肥胖可能会引起呼吸困难及关节损伤，而成年人肥胖就会导致一些更加致命的疾病。不过，偶尔多吃几个汉堡是不会变成胖子的！如果你确实非常喜欢汉堡，可以均衡一下饮食，少吃或不吃膨化食品、油炸食品、三明治和奶油冰激凌。多喝纯净水，把甜点换为水果，多吃蔬菜。

贝阿特里丝·儒埃
儿科医生，
肥胖症及青少年成长问题专家

@罗拉，9岁
不会吞下一个汉堡就超重的，但平时不要总是乱吃东西。

@克洛伊，12岁
如果你经常运动，发胖的可能性就会比较小，试试每天坚持快走 30 分钟？

@卡米耶，11岁
你发现自己很容易长胖？那么在快餐之外要多吃点蔬菜，每天吃至少 2—3 种水果！

知识贴士

5节课学会好好吃饭

饮食平衡的秘诀？只吃身体所需，不贪多、不节食。

第 1 课：减少挑食

每种食物都有营养，样样都吃最好！每餐要从五个必不可少的类别中挑选素材：乳制品、谷物（面包、米饭……）、水果蔬菜、脂肪（玉米油、黄油……）和肉鱼蛋豆类。另外别忘了每顿饭都要吃！不要轻易节食……

第 2 课：慢慢享用

吃点好的就是在体贴自己。你吃得太快太匆忙，连食物的味道都尝不出了！要么就是眼睛总盯着屏幕完全不注意吃进嘴里的是什么！真可惜。

第 3 课：吃饱就停

有多少次，你并不饿，只是因为无聊或心情不好而吃零食？面对盘子里的食物也是一样。当你的身体已经满足时，它会发出信号：停！听从它的指示。就算有食物被剩下也没关系，下次少盛一些就好，因为每个人需要的食物量不一样。

第 4 课：及时喝水

水是唯一必不可少的饮料。汽水和果汁大部分糖分都超标，尽量不要在吃饭时饮用，留给朋友聚会这样的特殊场合吧！

第 5 课：活动起来

活动身体就是在滋养身体！规律地进行体育活动，可以帮助保持身心健康！对运动过敏？爬楼梯、散步或在房间里乱舞一会儿，这都是运动呀！

难题急救

我觉得自己太胖了！

女生常常幻想自己可以像杂志模特一样苗条，可一照镜子却发现现实与想象相差甚远。千万别被随处可见的"照骗"迷惑，它们绝大部分都被修饰过，真人和照片完全不是一个样子！至于模特，她们的生活方式跟常人不同，为了保持过瘦的身材，大部分时间都在挨饿。另外，理想体重在不同的文化中也可能截然不同，很久以前，甚至直至今天，很多国家都是以胖为美的。

@露西，11岁

我现在也是圆圆的，但长大之后会变苗条的！千万不要为了瘦而不吃饭，这样不但不能减肥，身体还会因此受到损伤！

@劳拉，12岁

所有身体都是美的，这一点说多少遍都不嫌多！认真思考一下，完成一个小练习吧，列举出你最喜欢自己的10个地方。

@康诗坦丝，13岁

我受不了零食的诱惑。所以，我和妈妈决定把零食里的蛋糕和巧克力换成酸奶和水果，既能填饱肚子又非常好吃！

你也会受到周围环境的影响，如果身边的人特别爱聊"要瘦多少斤""节食计划"和各种瘦身产品，你可能也会更加关注体重。但是不要忘了，成年人之间的谈话并不适用于此时的你。

想知道自己到底算不算肥胖，最好的办法是了解自己的BMI指数。BMI即体质指数，是指体重公斤数除以身高米数的平方后得到的数据。BMI是国际上比较常用的判断肥胖的指标之一。去体检的时候，可以让医生帮忙计算一下，把结果记录在体检报告上。过一段时间，你可以把自己BMI变化曲线画出来，这样就能知道你是不是真的需要担心自己的体重了。

专家提示：

BMI显示你体重正常，可你还是对自己的身材不满意？别忘了你的身体正在变化：蹿个儿，身材曲线出现，臀部变大，胯部变宽……你认为的长胖，只是体形在变化，需要时间来适应。青春期体重发生变化再正常不过了。

BMI显示你过胖或过瘦？那也不用慌张，尤其是不要为了模仿谁而刻意增肥或减肥。因为这样非但不会消除你的担心，还可能损害你的健康。聪明的做法是跟你信任的成年人谈一谈，听听专业营养师的建议。你们可以一起确定新的食谱，营养师也会给你一些适合你这个年纪的生活方式的建议。

布里吉特·库德雷
营养师

难题急救

我太瘦了！

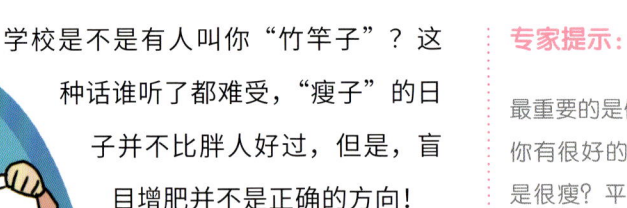

学校是不是有人叫你"竹竿子"？这种话谁听了都难受，"瘦子"的日子并不比胖人好过，但是，盲目增肥并不是正确的方向！

有句话叫"饭碗面前没有公平"，说的是两个人吃一样的食物、一样的分量，却不一定都会变胖。有些人就是吸收更少，你也许就是这样的体质。也可能是你零食吃得太多，正餐没有好好吃。你的饮食太不均衡，要好好分析一下摄入的营养素。

专家提示：

最重要的是你自己感觉如何。你有很好的饮食习惯，但还是很瘦？平时也觉得自己挺健康的？那就放心吧：你很正常！如果你想让自己看起来强壮一点，可以从事一项喜欢的运动，它可以锻炼肌肉，使身材更加结实丰满。

布里吉特·库德雷
营养师

@克洛伊，12岁

我也是，特别瘦，可以吃得更丰富些，试试一天吃4餐。

@索拉雅，13岁

欢迎加入"瘦子俱乐部"！想试试宽大的"滑板装"吗？特别酷，瘦的人几乎可以把整个人藏进去，好舒服！

@安娜，11岁

衣服和裤子最好是带横条纹的，颜色选浅一点，这样会显得胖一些。切记不要穿紧身衣，那样你会看起来更瘦。

你有良好的饮食习惯吗?

你真的知道什么叫"好好吃饭"吗?做做这个测试吧!

1 早餐的时候,你会吃……
- 2. 一碗麦片(或者是抹巧克力酱的面包片)和一杯果汁。
- 1. 几块蛋糕。
- 0. 什么都不吃,根本就不饿!

2 绿色蔬菜……
- 1. 两天吃一次,一般会加不少黄油在里面。
- 0. 被人逼着吃的时候才会吃两口,更喜欢薯条。
- 2. 基本上每顿饭都吃,喜欢吃。

3 你已经吃饱了,面前的盘子还是满的……
- 2. 不吃了,要不然会犯恶心。
- 0. 会继续吃完盘子里的菜,离开饭桌的时候胃胀得不行。
- 1. 会再吃上两口。

4 你喜欢:
- 2. 坐在餐桌旁慢慢吃。
- 1. 站在厨房里狼吞虎咽。
- 0. 在电视机前吃,眼睛盯着屏幕。

5 放学之后,你……
- 1. 偶尔运动一下。
- 0. 周末都运动。
- 2. 经常运动:不动就不舒服。

0—3 分:哎呀呀!
跳过正餐,狂吃蛋糕……很明显你对健康饮食不感兴趣。
结果就是,饮食完全失衡!
试试每天吃三次营养均衡的饭,一丁点儿零食,并坚持运动。
第 25 页的内容会帮到你!

4—7 分:还不错!
你有不错的饮食习惯。但有时你也会受不了糖果的诱惑而打破之前的规则。
偶尔为了满足食欲吃点甜食和油炸食品也没什么,但吃饭的时候就别吃零食了!

8—10 分:太棒了!
你吃东西一点都不随便!你会精心筛选盘子里的食物,有着极好的饮食习惯。
不妨允许自己偶尔放纵一下:吃饭也是为了开心。

趣味测试

3个习惯让你拥有婴儿般的肌肤

想保持皮肤健康并拥有明亮的肤色，那就养成良好的习惯吧！

1. 好好洗脸

每天都要做好脸部清洁，以去除死皮和污垢。但方法要正确！皮肤是非常脆弱的，要温柔地对待它。正确的方法是先湿润面部，然后在手中搓出一些温和的洁面泡沫，轻轻地按摩一会儿，之后将泡沫冲洗干净，用毛巾轻轻拍打面部擦干。不要用力擦拭，那会刺激皮肤。如果你的皮肤容易发红或紧绷，建议使用成分更温和的洁面皂。避免使用洗澡手套，它是细菌的温床，同样出于卫生的考虑，也建议你使用液体的洁面皂和洗面奶。

2. 面霜只在需要时涂

你这个年纪，并不需要把脸上涂满面霜或者去美容院做特殊的面部护理！只要没有特殊的皮肤问题（湿疹或痤疮），皮肤微微有点泛油很正常，如果你再抹油腻的面霜，很可能会破坏原本的平衡，引起过敏。当然，如果你要去爬山或者长时间暴露在阳光下，防晒霜是必须涂的。

3. 吃好，喝好，睡好

皮肤是你健康状况的反映。缺少维生素，没睡好，没喝够水，都能体现在皮肤上。结论：什么都吃点，口渴之前就要喝水，要保证睡眠时间和质量。另外，吸烟会让你肤色暗沉，这是另一个对烟草说不的理由。

我满脸都是青春痘，这是怎么回事？

你长大啦！长痘主要是皮脂分泌过多，堵塞毛囊皮脂腺导管引起的。每个人的皮肤都会分泌皮脂，它可以防止皮肤太过干燥。可到了青春期，激素增加会让皮脂腺增大，分泌出更多皮脂。结果就是你的皮肤越来越油，开始长出脓包和黑头，慢慢发展成了青春痘。

大部分青春痘都会长在脸上，80%的青少年都会有，多少则因人而异，这也和基因遗传有关系，比如干性和中性皮肤长青春痘的概率就比较低。

有两点需要澄清的是：青春痘不会传染，长痘也不是不讲卫生导致的。尽管研究者还未证实饮食习惯和长痘之间有什么必然联系，但保持饮食均衡对皮肤一定是有好处的。

专家提示：

并没有什么灵丹妙药可以阻止青春期长痘。不过，你可以通过早晚用温和的洁面产品认真清洁皮肤来减少痘痘的数量和范围，洗完脸之后也记得用柔软的干毛巾擦干皮肤，不要用力摩擦。这和很多昂贵的祛痘产品效果差不多，但价格却低很多……

要特别注意的是，不要用不干净的手挤痘痘，这么做可能会让痘痘变得更严重，还会留下难看的疤痕。如果你的青春痘已经多得吓人，那还是去咨询下皮肤科医生，他们会给你开合适的药。一定要保持耐心，因为药效不会立竿见影，需要坚持使用一段时间才能看到效果。另外，吸烟会让青春痘更严重。

热拉尔·洛雷特
皮肤科医生

知识贴士

4个习惯让你拥有女王般闪亮秀发

想拥有优秀发质不难，只需养成下面的好习惯。

1. 我每天梳两次头

这样可以除去灰尘和其他脏东西。梳完之后，头发就可以好好呼吸了，好舒服呀！别忘了也要经常清洁你的梳子。

2. 我轻柔地洗头

你知道吗，洗发液以前被称为"香波"，这个词来自印度，原本的意思是"按摩"，这是在提醒你洗头的时候动作要轻柔一点。洗头之前先稍微梳理一下头发，再用水润湿，抹上适量的洗发液，用手指肚轻轻按摩头皮。冲洗时一定要把洗发液洗干净，否则会影响头发的光泽。不要反复使用洗发液。多长时间洗一次头发取决于你的生活方式。如果你住在城里并且经常在户外活动，头发脏得会比较快，需要勤洗头，这都是拜污染"所赐"。使用普通洗发液就可以了。青春期头发会更容易变油腻。

3. 我让头发自然风干

吹干头发的最佳方法是自然风干，也可以用干发帽把头发里的水尽快吸干，但不要用力揉搓。如果你选择了吹风机，记得调到柔和模式。

4. 我会放轻松

正常情况下，每个人每天会有50—100根头发自然脱落。所以没必要掉根头发就慌张起来！但是，你还是要小心那些过于紧绷的发饰，它们会损伤并折断你的头发。

我腿上全是毛，都不敢穿裙子了

这个你要感谢祖先，他们是浑身长毛的动物，数一数，全身差不多有 500 万根毛发！当然现在，绝大多数身体表面的毛发都很难察觉。在远古时期，毛发非常有用，可以御寒，可以抵挡紫外线辐射。可生活在现代社会的你决定对身上的毛发宣战。不过，我想告诉你，在有些国家，拥有一双毛茸茸的腿，并不会冒犯到任何人，大家都习以为常！当然，大多数情况下，似乎只有光溜溜的腿才容易被接受。你肯定不会为了这个而移民。如果你真的很讨厌身上的毛，有几个方法可以脱毛，各有优势和不便，使用什么方法，取决于你身上毛发的浓密程度，可以咨询你身边的人（妈妈或者朋友都可以），但注意了，脱一次毛就意味着接下来要经常脱毛了，所以一定要慎重考虑后，再做决定！

@克洛伊，13岁

> 我试过用蜡纸脱毛，之后腿毛的确长得慢了，可每次都好痛啊！

知识贴士

专家提示：

青春期因为激素的变化，男孩女孩的腋下和阴部都会生出毛发，身体的其他部位，尤其是小腿，毛发也会变浓密，颜色加深，所以才会被你发现，不过，每个人情况都不大一样，父母毛发浓密的，孩子身体的毛发也容易多。毛发浓密不是疾病，只是一个生理特点。如果你感到困扰，也可以去咨询皮肤科医生。

杰拉尔·洛雷特
皮肤科医生

@茱莉，11岁

> 剃毛刀可以去毛，脱毛膏也管用，就是用了一次之后就要经常用，蜡纸脱毛太痛了，算了吧，我还是跟我的毛毛们和平共处吧，等长大点再说。

难题急救

我出汗太多,一身汗臭

会出汗是好事!说明你身体挺健康的。身体借助出汗将自身的温度保持在 37 摄氏度左右,汗液蒸发,你也会感到凉爽。只要气温稍微升高,或者你做了激烈的运动,汗腺就开始行动了:微小的水珠混合着盐从你的腋下、背部等处渗出。这些水珠本身是无味的,是皮肤表面的细菌赋予它们轻微的酸臭味。每天身体会通过出汗排出大约半升的水。但到了青春期,一些之前沉睡的汗腺开始苏醒,排汗量会增加。

有点汗臭难以避免,但有一些方法可以帮你缓解症状。首先,要保持良好的个人卫生:每天洗澡并擦干身体。另外,夏天尽量避免穿化纤材质的衣服,它们会阻止皮肤呼吸,还要避免穿深色的衣服,因为深色衣服短时间内吸收热量更多。如果你实在感到不适,可以试试用除臭剂,它能够掩盖一些不愉快的气味。

@阿娜伊丝,10岁

想遮盖体味,市面上有好几种除臭剂可以选择:棒状的,滚珠式的,还有喷雾式的,但要注意下是否含酒精,酒精会对皮肤造成伤害。

@莱斯利,11岁

出汗有时候会让你误以为天气热,结果脱完衣服就着凉了!如果你想保持清爽,要多喝水,但不要冻着自己。

@艾米丽,13岁

我试用过各种除臭剂,找到了最适合自己的那款。最重要的是,我每天都会认真洗澡!

我总是忍不住咬指甲！

欢迎来到"咬指甲俱乐部"！你这个年纪的孩子，3个里面就有1个会有咬指甲的习惯，比例挺高的……你知道指甲很有用吗？它能反映你的健康状况。医生都不用开口，只需仔细观察你的指甲，就能说出你缺乏哪种维生素了。

你爱咬指甲，也说明你有轻微焦虑的倾向。一些人是通过用手指卷头发或啃巧克力来减压的，而你是靠啃指甲。每个人都有自己的减压小癖好，成年人也一样。

想要改掉这个坏习惯，就要先找出到底是什么让你感到焦虑，并试着解决这个问题。这比在你的手指头上涂满苦药水好用多了。如果你什么办法都试过了，可指甲还总是光秃秃的，那就去咨询一下专业的医生吧。

@佐伊，10岁

指甲一长长就剪短，这样你就没有什么可咬的了！

@汉娜，13岁

以前我也总是咬指甲，可自从我开始认真打理它们，修剪呀、涂指甲油呀，指甲变得好好看，我就舍不得咬了！

@朱莉亚，8岁

在你的指甲上涂上洋葱，那种味道会让你失去咬它们的欲望！

你还可以试试拳击！

变美小窍门

⭐ 要让皮肤柔嫩光滑，你可以自己动手做面膜：将两枚杏子和一点橄榄油混合在一起捣烂，然后在脸上敷15分钟。注意要保持平躺的姿势，以免弄得到处都是。

@ 拉谢尔，12岁

⭐ 柠檬汁对头发特别好，我洗头发时会加几滴柠檬液，头发会变得柔软有光泽。

@ 露西，12岁

⭐ 我经常有黑眼圈，妈妈教给我一个超棒的窍门：在眼睛上放几个冰茶袋，把喝完的茶包放在冰箱冷冻室里冻一下就行，也可以把冰铁勺的背面贴在眼睛上。效果出奇地好！

@ 奥莱利，11岁

⭐ 我有一个超管用的除痘方法：把一个去皮的牛油果和用半个柠檬榨出的柠檬汁混合，加入一点水，压碎敷到脸上，保持10分钟，最后冲洗干净。这是我妈妈教给我的窍门，她是皮肤科医生。如果你对牛油果和柠檬过敏就别试了哦。

@ 波丽娜，13岁

⭐ 如果我实在不想刷牙，会嚼一块无糖口香糖，可以刺激更多唾液分泌，而唾液是天然的牙齿清洁剂。

@ 克拉拉，10岁

⭐ 为了唤醒自己，早晨起床前，我会在床上伸展四肢，做完拉伸再喝上一大杯水就从床上跳下来。我的脸会像水蜜桃一样红润。

@ 克洛伊，10岁半

趣味测试

你睡得怎么样？

你忽视过自己的睡眠需求吗？一起看看吧！

如果你在晚上 9 点 30 分入睡，你会在……自然醒。
- 清晨快 6 点。
- 和平时一样，7 点左右。
- 不会早于 8 点。

1 丁零零，你的闹钟响了……
- 你好恨！只想继续睡……
- 呼哈，你从床上跳起来了！
- 你又偷偷睡了一刻钟。

2 下午在学校……
- 你会打个小盹。
- 你困得头都要贴在作业本上了。
- 你可以一直保持专注。

3 晚间电影刚开始，你的上下眼皮已经在打架……
- 不硬撑，你直接去睡了。
- 你窝在沙发上眯一会儿再看一会儿。
- 你掐了一下自己，避免睡着。

4 你妈妈早早把你送到床边：
- 你悄悄看书到半夜。
- 你没反抗，9 点一过，站着也能睡着。
- 困得不行，但还是很不情愿。

测试结果

你的回答揭示了你的睡眠模式，这个模式将会贯穿你的一生。为了身体健康，你要尊重自己的睡眠模式。

睡眠时长……
- 少睡族　　　　少于 9 小时
- 正常睡眠者　　9—10 小时
- 嗜睡族　　　　多于 10 小时

最多 ♡：睡眠失调
到了晚上，非得有人把你拖到床上你才肯睡觉！你总是不愿意早点休息，甚至忽视了身体发出的疲劳警告。这样下去，你迟早会累出毛病来，还是乖乖去睡觉吧！

最多 👻：睡眠不足
好吧，你现在可能并没有筋疲力尽，但也不是活力满满！想要保持精力旺盛、体力充足，最好的办法是多睡一点，尤其要早点睡。

最多 😊：作息良好
你厌恶迷迷糊糊的状态！你的养生秘诀就是一旦发现打哈欠了，就直接去睡觉，第二天醒来精神焕发。继续保持你的好习惯！

难题急救

我入睡困难

睡眠要耗费人生三分之一的时间，说明它不是无足轻重的！睡觉的时候，身体和大脑都在休整，大脑分泌的生长激素会让你长高，大脑会对白天收集到的信息筛选、归档和存储，帮助你巩固学习到的各种技能和知识。而做梦会释放你的一些负面情绪。为了让入睡更容易，你需要一些入睡仪式：读本好书，写一会儿日记，听几分钟的轻柔音乐。如果睡眠总是不好，也许是身体出了问题，去找医生看看。

专家提示：

白天有烦心事或睡前胡思乱想都可能影响睡眠质量。不过最常见的失眠原因还是你没养成良好的习惯。你抵抗身体发送给你的入睡信号或者总是很晚才睡，哪怕是为了搞学习也是得不偿失！睡眠不足会导致上课注意力不集中，记忆下降，等等。

养成良好的生活习惯，按时睡觉，很快都会恢复正常。你这个年纪的孩子需要至少9个小时的睡眠时间。

乌尔班·卡尔韦
儿童睡眠专科医生

@约瑟芬，9岁

入睡前放点轻音乐，跟自己说说话，在心里哼首歌，或者让你的父母在你睡着之后再关灯。

@艾斯特尔，12岁

要是关了灯你会害怕，可以在天花板上贴一些夜光星星，或者用带夜灯的闹钟。

催眠秘方

为了睡个好觉，你需要……

30—40 分钟的平静

忘掉电视、手机、电子游戏以及跟兄弟姐妹的追逐打闹吧。这些活动都会令大脑兴奋，不利于入睡。最好看一会儿书，听点轻音乐，或者做一些舒缓的放松练习。最重要的是让自己的身心都放松下来！

"1"点点留心

不要忽视身体发出的疲倦信号。眼睛睁不开了？哈欠连天？上下眼皮止不住地打架？这说明你该睡觉了。如果你坚持不睡，困过头以后就得等到下一个睡眠周期才会有睡意，也就是 1.5 或 2 个小时之后了。

4 勺轻松

晚餐吃得太饱太油腻或者太晚也会影响睡眠，胃的负担太重，人自然休息不好。也要避免晚上摄入"有毒组合"——甜食和苏打水。最好喝一点牛奶或其他助眠的饮品，一小杯温水也行。晚餐后间隔 2 小时以上再睡觉，会更容易入睡。

100 克安宁

想要将白天的烦心事忘掉，可以找个人好好倾诉一下，比如你的爸爸妈妈、哥哥姐姐，还可以写日记，对自己倾诉也是一种倾诉，忘掉烦恼以后会更轻松地入睡。

3 匙温馨

一件柔软的睡衣，墙上几张色调柔和的色粉画，可以营造一个静谧的氛围。卧室里的理想温度为 18 摄氏度左右，如果你感到冷，可以给自己加床被子。

知识贴士

关于牙套的真相

停止恐惧，辨明真假！

戴牙套特别疼（假）

没那么夸张吧！戴牙套是有些疼，但还不至于到难以忍受的程度，请放心。刚戴上的时候没什么感觉。几个小时以后会有些不舒服，有点紧，吃东西不太方便。接下来的3—5周，医生都要收紧一下牙套再放进你的口腔里，之前说的感觉会再次出现。但3—4天以后，上述轻微的疼痛便会完全消失。事实上，每个人对疼痛的承受力不同，痛感也是不同的。有的人在戴上牙套的第一个星期只能进流食，但也有人几乎没什么感觉！

戴牙套很羞耻（假）

有不少超级巨星都在公开场合露出戴牙套的微笑啦！戴牙套的目标特别清楚，是为了不久之后的一口美牙，所以一点都不羞耻呢！

戴牙套很不方便（真）

这是真的，牙套必须保持高度清洁。假如一时偷懒不清除掉黏在牙套上的食物残

@玛依，12岁

刚开始，我连软软的面包都不能咬，会疼！大概过了一周吧，一点儿都不疼了！我还有个朋友，她的牙套上有紫色的小橡皮筋，超级好看。

知识贴士

渣，以后的麻烦会更多。每天至少要清洁两次！如果牙套是可以拆卸的，吃饭时最好取出来。如果戴的是传统金属牙套，最好不要吃黏的和坚硬的食物，口香糖要绝对戒除，它很容易卡进托槽里，特别不好清洁，托槽也容易掉下来。

别人会一直盯着我的牙套（假）

这样说有点太夸张了。要把牙套遮住是很困难的，但你观察一下周围，又不是只有你一个人戴。假如这还不足以安慰你，也可以想想那些"嘲笑"是不是出于关心和好奇。现在已经研制出了新型牙套，透明的几乎看不见，价格要昂贵些。选择什么样的牙套要根据你的牙齿情况决定，多跟爸爸妈妈和医生交流你的想法。

牙套要戴很长时间（真）

无论你是什么问题，牙套一般至少需要戴一年时间。而且为了巩固效果，有些牙套还需要在夜间戴一年。戴牙套不仅仅是矫正牙齿，而是改变整个口腔环境（骨骼、牙龈、韧带等），拥有一口整齐美观的牙齿是需要时间的。

@索尼娅，10岁

我第一次戴牙套的时候特别害怕，现在牙套摘了，牙齿变得好美呀！

@阿加特，10岁

不用害怕，现在的牙医比以前可要温柔多了，他们会让你安心，也比较热情，会回答你的所有问题！

> 为你支招

如何对香烟说"不"！

有人想让你抽烟？别落入这个陷阱！

成年，意味着学会说"不"

法律规定，如果你未满 18 岁，商店是不能出售香烟给你的，这会让你觉得香烟是成年人的专属，想自己看起来成熟一些，掏出一包烟就可以了。千万别这么做！嘴里叼根烟是不会让你一下子长大的。相反，敢于拒绝香烟的诱惑才是一个真正成熟的人会做的事。

我不喜欢被操纵！

对于烟草商来说，你就是他们未来的消费者。由于吸烟者的寿命通常比一般人短，所以烟草商希望不断有新的消费者补上。你不知道，在他们眼里，你就是完美的猎物：大多数吸烟者从青少年时期便开始吸烟，有的甚至从儿童时期就吸上了，一旦吸上，就很难戒掉。为了引诱你成为常客，他们使用各种手段把吸烟包装成很酷的事情，比如会给电影公司一大笔钱，邀请里面帅气逼人的主角吸烟！吸电子烟也要小心，已经有研究表明，电子烟更容易让青少年上钩。不要上当！

我不要满嘴臭气，面如土色，一口大黄牙！

烟吸多了，就会变成这样，还不算吸烟给心肺和血管带来的危害。过马路要承担的风险都比吸烟小！你吸进身

> @-卡尔迪娜，9岁
>
> 一个朋友的爸爸因为吸烟太猛差点死掉。现在他每月都需要去医院插通气管。真是太可怕了！我绝对不吸烟！

体里的每一口烟，都包含氰化物、甲醛、丙酮、氨等物质，简单搜索一下，就知道那些都是有毒的！算下来，香烟燃烧时会释放出 4000 多种化学成分。

我想要自由

吸烟者常说香烟令他们感觉更酷、更清醒、更放松……这不是真相！刚开始，香烟中的尼古丁的确能让他们获得快感，它能在 20 秒内通过血液抵达大脑，刺激多巴胺的分泌。然而几个小时之内，这种神奇的感觉就会消失，吸烟者会重新变得紧张、焦虑和易怒，急需下一根烟补救，这是陷阱！人就是这么离不开香烟的，最新的研究显示，一周吸两根烟就会上瘾。

@辛迪，13 岁

六年级的时候，我做了一件大蠢事，试了一下吸烟是什么感觉（就是想扮酷而已），现在正在努力戒烟！

你是谁?

你的脸庞背后藏着什么样的个性呢?不太好回答。那现在就开始最神奇的旅行吧!探索你自己:你有哪些品质,你有哪些缺点,你有哪些隐秘的梦想……这一章给你答案!

知识贴士

学会与自己好好相处	46
驯服你的怒火	54
4个开怀大笑的理由	55
穿着体现个性	68

为你支招

用积极的眼光看待你的缺点	48
10个抗抑郁的方法	52
成为一个有主见的人	57
9招克服害羞	62
7步帮你找到更多自信	64
4节课带你找到自己的穿衣风格	67

趣味测试

你对自己满意吗？	44
你知道如何说"不"吗？	56
你害羞吗？	61
你是时尚的俘虏吗？	66

难题急救

我好丑，简直一无是处	45
我脾气不好！	49
我很容易嫉妒	50
我经常为一点小事哭鼻子	51
我还留着安抚玩具	58
我还在玩"幼稚游戏"	59
他们说我是"假小子"	60

趣味测试

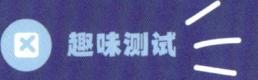

你对自己满意吗？

衡量一下你对于自己的重要性。

1 早晨站在镜子前，你的内心独白是：
- 😜 天啊，这家伙就是我？
- 👻 不会又长了个痘吧？
- 💗 微笑着什么都不说。

2 在学校，对于受追捧的女同学：
- 😜 不关注，会自卑。
- 💗 你就是这个受追捧的小明星。
- 👻 偷学她的美容招数。

3 你失恋了：
- 👻 打电话向好朋友寻求帮助。
- 💗 悲伤不会持续太久，这个人配不上我。
- 😜 你不知道谁能让你重新振作起来。

4 如果朋友假装忘记没有邀请你参加她的生日派对：
- 💗 搞什么呢！下周自己组织一次，也不叫她！
- 😜 可以理解，我就是这么不招人喜欢。
- 👻 给她打电话，要求解释。

5 唉！考砸了：
- 👻 去找老师，请他讲解错误的原因。
- 😜 没有复习，考好才怪。
- 💗 所有人都知道：这科老师超级严格。

最多 💗：
自负和自信只一字之差！

你根本不知道什么叫自我怀疑！你的自我感觉非常好，这种自信将有助于你今后跨越生活中的很多困难时刻。但请注意：凡事有度。自信使人进步，自负使人落后。

最多 👻：
你的自信恰到好处。

你的状态非常好，足够自信，既能看到自己的优点，也不否认自身的薄弱之处。恭喜你！这样的自信会令你终身受益。

最多 😜：
你要学习好好爱自己。

为什么要这样对待自己呢？每个人都有缺点和优点！找个本子，在上面列出自己的 20 个优点来，不能总看事物坏的一面。

我好丑，简直一无是处

好吧，你这么想，说明你不是一个被宠坏的孩子。可你对自己太苛刻了吧？谁不是优缺点的混合体呢！你也一样。不信？问问周围的人：你的朋友们最欣赏你什么？你父母最爱你身上的哪些特点？认真记下所有回答，看完之后你对自己的认识还这么灰暗吗？至于美，什么才算美呢？你可以对周围的人做个小调查。调查完你会发现，每个人对美的定义都不一样。你认为自己丑，或许是因为你希望自己长得跟杂志里的女孩一样，事与愿违的话，你就会感到失望。不要用他人设定的标准来评价自己！

专家提示：

这世界上没多少人对自己百分百满意，更有很多看似阳光自信的人常被隐蔽的自卑感困扰。幻想与现实之间总有差距，人们往往很难接受自己的真实状态。而更痛苦的是在身边老有人说"你真笨"或给你贴上其他的负面标签。要摆脱这种烦恼，你需要花时间关注自己的长处，好好发挥独特的优势，慢慢地你会发现，有些缺点也不是那么难以接受。

希尔薇·孔帕尼奥
心理学家，
图卢兹父母学校校长

@玛丽娜，10岁

如果你仅仅是不喜欢自己的外表，可以给自己换个造型或者剪个新发型。

@萨米亚，10岁

我有时候也这么想，觉得自己一无是处，又丑又懒。但我会告诉自己，评价一个人，标准并不只有美貌，还有人格魅力。

@洛莉，12岁

和很多人一样，我也会对自己不满，但是，缺点也是我的组成部分，朋友们喜欢的是完整的我，所以呢……

知识贴士

学会与自己好好相处

如何认识并欣赏自己独特的价值。

倾听内心的声音

你希望别人都喜欢你，这没什么错。但你因为太渴望取悦他人而忘记了最重要的事——取悦自己！多关照一下自己的喜好不会给你惹任何麻烦，恰恰相反，要学习如何拒绝自己不想做的事，要维护自己的立场……丢掉没有道理的负罪感。

不要忘记取得的成功

把生活里所有事情都搞砸，这谁也办不到啊，所以你在自己不长的人生里早就积攒了很多成功案例：认真准备的数学考试拿到了很高的分数；救下了奄奄一息的受伤小鸟；你帮助了同学，她向你表达了谢意……有这么多厉害的地方！能不能把这些闪光点都记录下来，防止它们被遗忘？

爱自己真实的样子

跟所有人一样，你不可能一个缺点都没有，可是，有几个小缺点就等于一无是处了？看看你的好朋友梅丽莎吧，她脾气真是暴躁，可不妨碍你喜欢跟她玩啊！千万不要

@玛丽昂，11岁

> 这种心态揭示了我们内心的焦虑，担心自己不够好，但这样的担心没有意义，因为没有人是完美的，你对自己不满意不代表别人不喜欢你。

@波丽娜，13岁

> 每个人都是独一无二的！有时候，我看着镜子里的自己，长得有点奇怪，但朋友们喜欢的就是这样的我，这才是最重要的。

不惜代价把自己变成想象出来的完美模板。做不到的！

对自己好一点

为了让自己感觉好一点，要允许自己打扮一下。女孩子爱漂亮是很自然的事！也想着给自己一些奖励，比如买个梦寐以求的小首饰，或是多夸一夸自己，为什么不呢？

@科里纳，12岁

我怀疑自己的时候，就使劲回忆别人夸奖我的话，这个方法挺有效的！

@哈娜依，10岁

大家都差不多，都会找出自己这里那里不如人的地方，偶尔自我批评下就可以了。如果别人夸奖你，你却不敢相信，那才是一个人最大的缺点。

用积极的眼光看待你的缺点

不要回避缺点，一次性看清楚！

"缺点"也是你的一部分

首先要纠正一下，所有被你贴上"缺点"标签的只是你在生理或者精神上的某个特点，它们是你的组成部分，共同造就了此时此刻独一无二的你，只需要改变那些降低生活品质的特点，让日子过得更顺一些。

了你爱动脑筋……说话太多？那是因为你有很多东西可以表达！等等，你知道要怎么做了吧？就是翻转优缺点，试着从积极的一面来看待自己的"缺点"，给自己准备一本特别的评价集以满足过于旺盛的好奇心，你会因此变得更加客观，停止发明一堆想象出来的毛病。

找出真正重要的问题

你周围肯定没有人注意到你鼻子有点歪或者心思过于细腻。可为什么，在你眼里，这些"毛病"大过天呢？视角不同罢了。不够聪明？能提出这么多问题，已经说明

做好筛选和总结

现在，对你的缺点进行一次总结。把它们写在一张纸上，画掉那些不重要的缺点。你看，剩下的不多了。剩下的这些缺点才是你真正要应对的，学会和自己和平共处。

我脾气不好！

你能意识到就已经很不错啦！到底是怎么脾气不好呢？为了一点鸡毛蒜皮就狂吼一通？一瞬间就能发个大火？也许是你有点多疑……别人说了一句，你能想象出几十集的剧情！没人理解你，所有人都讨厌你。你肯定觉得自己挺孤独的。放松一点，你经历的这些很多人也正在经历。

为什么那一刻你会那么暴躁？如果是因为烦恼，不要把它们一直闷在心里。在心里越积越多，它们就会越来越沉重，总有一天要爆炸。说出来，你会轻松不少。也许表达自己真实的情感对你来说不太容易，但是一个人缩在小角落生闷气，更解决不了问题！父母朋友不知道你心里怎么想，当然更容易讲出让你受伤的话来，可以用留言条来讲出内心所想。

愤怒并不是一无是处的，可以带着这种强烈的情绪去捍卫那些关系更多人利益的事！

@奥利维亚，10岁

坏脾气，我熟！但自从喜欢上一个男生之后，我开始学着温柔。给自己找点改变的动力，就会变得更好的。

@露，10岁

谁还没点脾气呢！大家都有自己的个性。有个办法可以帮到你，那就是把想法写到日记本里，写完情绪就会好起来。

@奥黛丽，10岁半

每次我想挑事儿的时候，回想我特别爱的一个人或一件事，会让我平静下来。我也会观察四周问自己：为什么我要发脾气？有那么多人比我过得辛苦，他们却依然保持乐观和开朗。

难题急救

我很容易嫉妒

欢迎来到"嫉妒者俱乐部"！你知道吗？嫉妒是一种非常普遍的心理。当我们很在乎某个人的时候，肯定会害怕失去他/她，希望自己可以独占，自然就容易嫉妒。不过，占有欲和嫉妒心太过度就容易出问题。你喜欢的人很可能对你口不择言，你永远都放心不了！一点风吹草动都让你紧张。

你的好朋友蕾雅正跟娜奥米这个"坏女孩"交头接耳？肯定是说你的坏话！你喜欢的马丁爱盯着另一个女孩看，他们居然一起出去玩！够了！一旦开始实时监控别人的一举一动，你就把自己推进了一座无形的监牢。你不爱自己，就不会相信有人会爱你！给自己多一点信心吧。

有时，你不是嫉妒而是羡慕，羡慕可以指引你想要去往的方向，比如，你羡慕班上的第一名，幻想自己也能拿到第一名，这是好事。只要不过度，一丢丢的嫉妒心可以激励人奋进：你会加倍努力，力争上游。如果嫉妒变得过火，那就多在纸上列一列自己的优点。每个人都有自己的优势和强项，可别视而不见！

@苏西，11岁

谁不会嫉妒呢！如果你有个好朋友超级受欢迎，你肯定会有点嫉妒的。下次如果你又开始嫉妒了，想想自己拥有的一切。也许你会发现自己身上有不少她没有的闪光点哦。

我经常为一点小事哭鼻子

因为你感受到了一种非常强烈的情绪！放心吧，哭不是坏事。哭泣可以释放体内积聚的压力，哭完以后感觉会好很多。

为什么现在的你变得这么爱哭呢？如果你正经历青春期，那可能是激素在"作祟"，它的变化会让你变得敏感。也可能你刚刚经历了一些困难：朋友背叛了你，你家狗狗去世了……之前你强装坚强，忍住了眼泪。但现在，你忍不住了。

你正在跟童年告别，这也许让你有些害怕，所以情绪会有点多变，甚至会希望回到过去，像小时候一样被人疼爱照顾。过去并不完美，但它让人熟悉和安心！要是你确实因此而倍感困扰，试着找出更深层的原因。上文我们曾提到过，写日记是一种很好的探索自我的方式。写完你会更了解自己，也会更舒服些。

专家提示：

在你这个年纪，不管是欢乐还是痛苦，都非常炽热和强烈。随着时间的推移和经验的增加，你就会慢慢平和下来。不过，如果你对什么事都提不起兴趣，睡不着，经常哭，也许是处在抑郁状态了。这时候，一定要跟身边的大人说。

希尔薇·孔帕尼奥
心理学家，
图卢兹父母学校校长

@菊颖，12岁

敏感不是什么坏事呀！一个人会哭总好过铁石心肠吧。

@朱莉，11岁

我和你很像，如果有人问我一个很尴尬的问题，眼泪就开始在我的眼眶里打转了，我大脑会一片空白，我猜是因为害羞，不过时间会让我们改变的！

为你支招

10个抗抑郁的方法
如何让自己不沉陷在低落的情绪里！

别一个人待着

要不然你就会被黑暗的心绪淹没，跟好朋友说说心事，和家人一起玩玩桌游，总之，要多跟别人接触。

行动起来

别整天自封"倒霉蛋"了！确实，你跟好朋友吵架了，周六的睡衣派对也告吹了，你觉得糟糕透顶。但生活还会继续，这些意外状况也不是头一次发生。与其抱怨（对你一点好处都没有），不如换一种思维方式：总有方法能让你和好朋友和好如初。要么想办法，要么换一种眼光看待同一件事，都比自怨自艾好……

@爱丽丝，13岁

> 心情不好，我就专注于我的爱好。这样，烦恼就不见了！

@洛拉，10岁

> 不舒服的时候，我会去找朋友玩，遛狗，听音乐……

偶尔发个"疯"

你很伤心，很生气，觉得自己好惨？那么和你的枕头来一场拳击大战，或者放一曲你最爱的音乐，跳一场疯狂的舞蹈，也可以找个没人的地方吼一嗓子……
挺疯的，是不是？

鬼脸大赛

站在镜子前对自己做各种鬼脸，是不是也很搞笑？还可以邀请好朋友甚至全家人跟你一块儿扮鬼脸，保证五分钟内全场爆笑。

常常翻阅"成功备忘录"

就是那本时不时记录下大家夸奖你的话和你大小成就的小本子：有老师的祝贺，汤姆的赞美——你真是个创意小天才……你就是个特别棒的女孩子！

给生活增添点颜色

好吧，心里已经灰色了，外面还穿得灰灰的，怎么可能调整过来嘛，把你的暗色外套换成黄色的、橙色的、绿色的吧……

让自己多点笑容

电脑上有很多幽默的电影和动画，书架上也有很多逗乐的书，好好享受它们所带来的乐趣吧！

在自然中呼吸氧气

没什么比在大自然中畅游一番更能让人忘却烦恼了。听一听婉转的鸟鸣，感受风的轻抚，看看云卷云舒，闻一闻青草的香味，在自然中深深地吸一口气。啊，感觉好多啦！

变身游戏

你受不了现在的自己了？那就来一场变身游戏：到衣柜里好好找找，跟妈妈或兄弟姐妹，爸爸也行，借几件衣服给自己换个装。你想变成谁呢？是严厉的老师，还是迷人的巨星。充分发挥自己的想象力，去模仿让你紧张害怕的人或者你梦想成为的人吧。

梳理问题

最简单的方法往往最有效：把烦心事写下来或者录下来，心情总会舒畅。

@露西，9岁

> 我的解压秘诀？一块大大的巧克力蛋糕！

@奥瑞莉亚，9岁

> 快要生气的时候，我会告诉自己"这一定不是最糟糕的情况"，这会帮助我保持情绪稳定。

> 知识贴士

驯服你的怒火

5个技巧帮你避过"情绪地雷"。

说话时慢一拍

听起来像是一句大道理，但的确如此。通常情况下，愤怒会让你失控，说出言不由衷的话。事后，你经常会后悔自己如此"刻薄"。为了防止侮辱性言语脱口而出，你可以紧握拳头或咬紧牙关，深呼吸几次后再说话，这能帮你冷静下来。

离开现场

内心激动难抑？害怕自己变得暴力？暂时离开一下现场，等待你的愤怒平息一点。你可以去户外呼吸新鲜空气，到学校的洗手间或者回到自己的房间独自待一会儿。

提前告知

周围人不一定能意识到你快爆发了，如果你感到情绪要失控了，最好先提醒一下他们。

降低音量

愤怒时，我们往往会大喊大叫。一旦你意识到这一点，就会把音量降下来。你音量低了，对方也会不自觉地低下来，更容易心平气和地交流。

运动减压

现在学业压力不小，这会让人更容易焦虑。可以多试试能释放"负能量"的运动，动完你会更加放松。

> ☆ 偶尔爆发，不是坏事 ☆
>
> 表达愤怒也是一种划定界线、获取尊重的方法。把怒火憋在心里，会把人憋出内伤！所以，适当发泄一下没有问题，但别用暴力。最好能把这股愤怒的能量化为动力，用在我们真正热爱的事情上！只是不要因此变得咄咄逼人了。

知识贴士

4个开怀大笑的理由

赶走忧郁：多来点哈哈大笑吧！

有助于保持健康

令人难以置信，大笑能缓解疼痛。有医生将大笑作为一种疗法，用以舒缓病人的痛苦。笑还能增加人体内白细胞数量，帮你抵抗病毒。再见了，难受的感冒！笑能使人放松，笑完会睡得更好！

有助于结交朋友

笑容无须翻译，每个人都能理解这种富有感染力的普世语言。喜气洋洋的眼神远胜于愁眉苦脸。想交到更多朋友？知道接下来要做什么了吧……

有助于驱散压力

大笑1分钟相当于做了45分钟的全身放松运动。大笑过程中，你的肌肉会放松，压力也随之消散，这就是最好的按摩呀！

有助于身心平衡

善于自嘲是身心平衡的标志，别把自己看得太重。你正在经历低谷？幽默感可以帮助你减轻紧张情绪，甚至可以结束争吵！

☆ 大笑练习 ☆

孩子们平均一天会笑400次左右，而大人呢，只有可怜的10次！邀请家人和朋友们办一场开心大会吧，笑他个天翻地覆：

——用力吸气和呼气，发出"喝""哈"的声音，做着做着肌肉就会放松，笑声就会涌出嘴角！

——用天南地北的方言跟大家聊天。

——一边打招呼一边哈哈大笑。

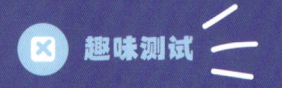

趣味测试

你知道如何说"不"吗？

你会拒绝让你不舒服的人和事吗？做一下下面这个测试吧。

使用说明：读完下面的每个句子，在末尾勾选"是"或者"否"。

1. 汤姆问你借20块钱，你明知道他从来不还钱，还是借给他了。　　　　　　　是　否
2. 朋友让你跟她一块儿逃课，你会答应吗？
　　　　　　　　　　　　　　　　　是　否
3. 你的同学在一起嘲笑一个女孩，尽管觉得这样做不好，你还是跟着起哄，不然的话就轮到你被人嘲笑了。　　　　　　　　是　否
4. 你帮助别人只是为了讨好他们。　是　否
5. 一个朋友跟你讲的话很刺耳，但你会默默地听下去。　　　　　　　　　　　　　是　否
6. 一个同学想借你刚买的新衣服，尽管一百个不愿意，你还是笑眯眯地借给了她。　是　否
7. 一个不大友好的男孩试图拥抱你，你会同意吗？　　　　　　　　　　　　　　是　否
8. 朋友嘲笑你穿得很土，你决意为了友谊而改变造型。　　　　　　　　　　　是　否
9. 都说某个朋友家的聚会非常无聊，你依然会去。　　　　　　　　　　　　　　是　否
10. 考试时，邻桌抄了你的卷子，你虽然很生气，但一句话没说。　　　　　　　是　否

0—3个"是"：说"不"？小菜一碟！

你不容易受人影响！你敢于拒绝自己不喜欢、不认同的事情。
如果你身边有人想通过给你脸色让你屈服？很遗憾，一点用都没有。你就是这么坚定，不轻易妥协！

4—7个"是"：说"不"？并不总那么容易……

如果一件事会让你付出很大的代价，那你会毫不犹豫地拒绝。但如果站在你对面的人继续给你施压，你可能就乖乖就范了。让别人不高兴会让你内心生出一点负罪感，表现得更坚定一点吧：不行就是不行！

8—10个"是"：说"不"？难于上青天！

让你站起来反对其他人，挑战太大了！如果你表达了不同意和不赞赏，会很担心自己被孤立，被贴上"不合群"的标签。为了摆脱困境，你需要培养更多的自信，多说几次"不"，勇气自然会提升。

成为一个有主见的人

学会捍卫自己的想法和观点。

谨慎

千万不要别人说什么你就信什么，没有人是全知全能永不犯错的。因此，要有质疑精神，但也不能走向另一个极端——什么都不信，验证是需要成本的，什么都怀疑，会让你寸步难行。要学会综合考虑问题，而不是一味地怀疑。

好奇

世界上不止有一种思维方式和做事方式。为了形成自己的观点，你不能仅满足于一种视角，而要通过书籍、电视、网络等多种渠道了解其他人怎么想怎么做。获取信息的方法总是多种多样的，你不必非得亲自问周围人。

慢慢来

给予信任很重要，但不要太快，要不然你很容易被别人操纵和控制。结论：分享某个爆火的视频之前，先做些调查。它来自哪里？谁是第一个发布者？它的创作者值得信任吗？总之，要寻找证据，并根据事实形成自己独立的观点！

跟随直觉

倾听你内心的声音，它常常是对的。如果你头脑里警铃大作，当心了，很可能对方就是在撒谎！

难题急救

我还留着安抚玩具

那又怎样，没什么好害羞的，这么做的大有人在。这个年纪还痴迷玩具，当然会显得有点孩子气，但它已经跟了你很久，你对它是有感情的。在你小时候，它帮你疏解焦虑，给你勇气和信心，抚平你的伤心。你离不开它合情合理，就好像让你跟一个特别要好的朋友分离一样，是很难的。不过，请放心，在不久的将来，你会自己放下的。

与此同时，接纳它的存在。你可以告诉大家这是你的护身符，能挡掉一些嘲笑。或者选择一个不显眼的迷你玩具，比如毛绒玩具钥匙扣。市面上有很多不容易被注意到的小型手办，可以轻松地藏在垫子下面的。

这个问题的答案其实就藏在你身上！当你明白这一点时，应该就不再需要一个安抚玩具了。在那之前，为什么要拿走一个可以让你安心的小宝贝呢？

专家提示：

离不开安抚玩具，喜欢吮手指，这些习惯都是你自婴幼儿时期就有的，也许你有点害怕长大，并不只有你一个人会这样想，你更在意失去的过去而不是即将拥有的未来，如果你发现自己总是很难摆脱它们，找个人好好倾诉一下吧。

希尔薇·孔帕尼奥
心理学家，
图卢兹父母学校校长

@小玉，10岁

我也有自己的毛绒玩具，不过它从来没离开过我的床，你也试试吧，这样就没人知道你有安抚玩具啦。

@伊莲娜，11岁

自从我出生，就一直随身带着一个毛绒小熊，如果有人问起来，我就说这是我的幸运娃娃。

@克洛伊，13岁

我现在年纪也不小了，可床头依然放着一只大熊宝宝，没有它，我晚上就不敢睡觉，你看，你并不孤独！

我还在玩"幼稚游戏"

谁规定你这个年纪就不能再玩了？恰恰相反！爱玩是对的。别理会那些冷嘲热讽。要知道有多少女孩和你一样！只不过，她们和你一样，不敢说出来罢了！

放心吧，玩偶、模型等并不是"小孩的专属"。你长大了，你玩它们的方法也在变化。小时候，你用它们来模仿父母的一举一动，但现在你想在这方舞台上展现你的梦想（比如成为歌手），你让很多角色变得有血有肉个性迥异，一人分饰几角，你的社交能力也得到了锻炼，跟朋友们在一起时也更懂得他们的心思。

女生群体并不存在泾渭分明的两派，一派很幼稚，玩过家家；一派很时尚，聊穿搭和男孩。不要为了迎合别人而放弃给你带来快乐的活动。每个人都有自己的喜好，尊重他人的喜好是建立友谊的前提。

@洛拉，11岁

> 谁说玩娃娃很幼稚？知道吗，你为你的"模特"换装，是一门很厉害的手艺，叫作"造型设计"。

@克蕾莉娅，11岁

> 我用我的小马玩具演出可怕的战争和危险的探险……它们历尽艰辛最后凭借勇气生存下来，这也让我在现实生活中更有勇气！

@塔拉，12岁

> 我初一了还在玩娃娃，就是喜欢！为什么不可以？我有权享受我的童年！

难题急救

他们说我是"假小子"

女孩就必须喜欢跳舞、穿粉裙子、永远抱着洋娃娃吗？太荒谬了！做一个女孩有成千上万种可能！爬树、做手工、踢足球、穿裙子……想做什么就做什么！那些企图教你怎么做女孩的人是错的。

重要的是你自己喜欢什么，而不是女孩应该做什么。如果有人对你说这样的话，是因为把人分门别类才能让他们有成就感，而你像个男孩一样打扮一样行动，让他们感到不开心。该感到遗憾的是他们才对！

永远不要为了迎合他人而把自己装扮成另一个人，你心里最知道自己该怎么做怎么选。别限制自己，不用在乎这个爱好是不是"属于男孩"。随他们说去，或者大声回应："我是女生，我爱干什么就干什么！"

@爱丽丝，12岁

我也是个"假小子"。我踢足球，练拳击，之前有朋友让我有个女孩样儿，但我没听她们的！正是我的个性和风格使我成为一个独一无二的女生！

@普吕尼，13岁

人的一生当中，总会被各种人评价来评价去。所以，走你自己的路，让别人继续说吧，这些人都太闲了！

@艾米丽，12岁

说实话，"假小子"这个词儿有意义吗？没有。只不过是你相较于其他女孩某些特质更加突出，可那又怎样呢？

趣味测试

你害羞吗？

完成下方测试你会更了解自己。

1. 你偶像的音乐会落幕，你会立刻……
- 👻 跑去向 ta 索要一个签名。
- 💗 和 ta 一起合影。
- 😊 购买 ta 的巨型海报。

2. 在电影院排队时，一个女孩插队：
- 😊 你无所谓，两分钟的等待并不是大问题。
- 👻 你怒气冲冲地说："真是无耻！"
- 💗 插队零容忍，你跑到她前面去了。

3. 你的座右铭是：
- 👻 不入虎穴，焉得虎子。
- 💗 狭路相逢勇者胜。
- 😊 欲速则不达，要稳扎稳打。

4. 玛蒂尔德借了你的上衣，迟迟未还，你想要回来，会怎么说？
- 👻 上次借你的衣服有个小名叫"回来"。
- 😊 我妈在问我衣服去哪儿了。
- 💗 别等衣服褪色了再还我。

计算你的分数：
- 😊 = 0 分
- 👻 = 1 分
- 💗 = 2 分

6 分以上

你，害羞？

怎么可能！你跟谁交往都游刃有余。你个性开朗，无论是交友还是面对新环境，都没有任何问题。

3—6 分

不大主动，但你知道如何调整自己。

在朋友们面前，你懂得如何维护自己的立场，会表现得积极主动。但是面对陌生人时，情况就变得有些棘手，不过给你点调整的时间，就能战胜压力。很棒！

3 分以下

你容易怀疑自己。

对你来说，他人的意见至关重要，所以你的意志总不太坚定。这真是可惜，因为你身上有许多优秀的品质，害羞也可以是其中一种！放轻松，试着先从最小的行动开始。

为你支招

9招克服害羞

你为一点小事就脸红吗?
更不敢当众说话?有解决办法。

练习放松

练习腹式呼吸2分钟,心跳紊乱的情况会奇迹般好转。试试吧!

把想说的话写下来

你总表达不清楚自己的意思吗?在纸上写下来!渐渐地,你会对自己越来越有信心,口头表达也会更轻松。

列举关键情境

留意那些让你紧张的时刻并记下来,比如演讲时,遇到陌生人时,这样你就会知道是什么让你感到有压力,你可以更好地应对这些令人不安的情况。

接受别人的赞美

一旦有人称赞你,你就急于否认,甚至道歉,好像你不配被夸!别这样了!就简单地说声谢谢吧!

停止与他人比较

你身边总会有一些女生看起来比你更漂亮或更聪明。但是,她们不一定有你这么善解人意……但你不喜欢这么思考,你就是觉得她们比你好,到头来,被贬低的只有你自己。非得这样吗?

@鲁丽,10岁

> 在班上我特别害羞,但我会告诉自己,来这儿就是为了学习的,犯错是进步的开始!

@卡米耶,12岁

> 我原本超级害羞,可自从我交了几个特别不害羞的朋友,一百八十度的大转弯就开始了!

直面让你害羞的人

怎么做？想象那个人正处在一个搞笑的情境里，比如 ta 在北极穿着泳衣瑟瑟发抖，或者见 ta 时有一个信任你的人陪在你身边。这样，你面对他人时会更加自信。

把羞怯扔进垃圾桶

画下你害羞的样子，然后把这张纸团起来扔进垃圾桶！这个小小的象征性动作会帮助你安然度过缺乏自信的时刻。

给自己来点挑战

不要设定太高的标准，一个小小的行动就足够了。例如，今天直视一个女生的眼睛并跟她打招呼。明天试着跟她聊聊天。通过积累微小的胜利，你最终会对自己更有信心。

停止编故事

羞怯的人通常都很有想象力！你肯定认为：汤姆觉得你很差劲。怎么知道的？你就是相信，没得商量，哪怕没有任何确凿的证据。你总喜欢暗中解读他人的一举一动，当然都是对你不利的，到头来经常是彻底的误会……

@朱莉，13岁

> 我学习了戏剧，当我扮演某个角色的时候，表达会变得更容易，对我帮助很大。

@努拉，11岁

> 为了让自己不那么害羞，我会想象一个让我很害怕的情形，自己像变了个人似的应对自如，一点都不害羞，有用哦！

为你支招

7步帮你找到更多自信

你总喜欢怀疑自己?那就听听下面的建议吧。

学会说"不"

你不敢说"不",也许是因为怕伤害别人,惹麻烦……很多人都这么想,但完全错了!你有权表达自己的意愿。否则,谁来尊重你?如果你不同意,就坚持自己的立场,让别人知道你的底线。但也要注意,别让"不"变成你无理任性的借口。

表达自己的观点

敢于表达自我丝毫不会妨碍别人欣赏你和喜欢你,因为你有别人没有的新视角!如果你总是顺从别人的观点,他们永远不会知道你真正的想法。如果你不同意对方的观点,不一定要争吵,好好沟通,了解彼此的想法。这个过程挺有趣的,不是吗?

接受失败

是,你犯了错。你做了错误决策或表现不佳。那又怎样?每个人都会犯错。最重要的是犯错之后怎么做。不要反复咀嚼过去的错误。过去回不去了!你可以认真复盘,试着理解你是如何走到这一步的。错的不是你这个人,而是方法。下次可以不一样!

勇于行动

你对尝试一项新活动感到焦虑,你害怕主动开启一次对话……任何新的体验都让你感到恐惧,因为你对自己能否成

为你支招

@瓦莱丽，12岁

没有信心的时候，我会闭上眼睛去想一个我喜欢的人，问自己："如果是他，他会怎么做？"

功感到怀疑。这很正常，谁也不能预知最后的结果。那就应该放弃吗？以胜利者的姿态去行动，这样会更容易。

展示胜利者的姿态

你知道你的身体会为你说话吗？培养能让你更有信心的动作：和人交谈时看着他们的眼睛，走路时不要总是盯着地面。

实践"自我暗示法"

它的原理是什么？当一个信念在头脑里不断重复时，我们就会信以为真！现在轮到你行动了，可以对自己说"我必定成功""我能做到"……你也可以给自己准备一条座右铭，比如"错误使人明智"。

@露西，9岁

我一怀疑自己，就会去翻看一本特别的相册：那里存放着所有我喜爱的自己的照片。

可视化成功经验

有专家认为，事先想象成功画面有助于事后真正获得成功。试试看！你确定你考试会不及格？躺在床上，闭上双眼。如同身临其境一般，仔细想象那个让你紧张的考试场景：你裙子的颜色，邻座用的铅笔……然后，将视线转向试卷，专注于你想要的好成绩。注意，做这个练习的同时你也得好好复习！要不然可能会后悔！

趣味测试

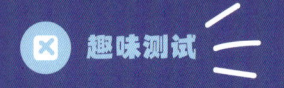

你是时尚的俘虏吗？

一起来看看你面对"潮流"时的反应吧！

1 这个夏天流行迷你短裤，但是你讨厌露大腿……
- 💗 就是不穿短裤！
- 😆 有点难，但你会试一试。
- 👻 这有什么，你都穿了好几年了。

2 在操场上，一个女孩嘲笑你的牛仔裤老土：
- 👻 自己喜欢比什么都重要。
- 💗 让她说吧。
- 😆 你在思考她说得对不对。

3 你有喜欢的颜色吗？
- 😆 这取决于流行什么。
- 💗 有，很固定，你不喜欢变化。
- 👻 有几种你喜欢的，但是你也试过其他的。

4 在橱窗里，你看到一双价格很高的运动鞋：
- 👻 你想找一双便宜点的同款。
- 💗 绝不会花那么多冤枉钱！继续穿旧的网球鞋。
- 😆 直接掏钱买：太好看了！

5 灾难！生日派对上，朱斯蒂娜穿着和你一样的裙子。
- 😆 赶紧回去换衣服。
- 👻 你放声大笑。
- 💗 你完全不在乎。

最多 👻 ：
你对时尚的认识十分深刻，无人能及。你不爱追随流行单品，认为时尚就是找到适合自己的风格。太棒了，你完全理解了时尚的精髓。

最多 😆 ：
时尚潮流？你了如指掌！但要注意：如果你一味追求时尚杂志上的穿着打扮，可能会变成一个没有自我的女孩。服装应该能凸显你的个性，而不是掩盖它。

最多 💗 ：
时尚对你没有吸引力。如果大家都是流行什么穿什么，那人与人之间还有什么差别呢！确实，"人不可貌相"，穿得好不代表内心也美好，但也别忘了外表常常是别人对你的第一印象。

4节课带你找到自己的穿衣风格

你觉得自己不太擅长穿搭，我可以帮你！

第1课：让自己感到舒适

这是最基本的。如果你穿着不舒服的衣服，一眼就看得出来。举个例子，你明明喜欢运动风格，却穿了一条洛丽塔裙，很难不感到别扭吧。总结一下：选择服装时，不要一味跟风，而要把自己的喜好放在首位！

第2课：分析你的衣橱

把所有衣服摊开在面前。将你最喜欢的挑出来放到一边，这里面藏着你理想装扮的核心数据。记住它们的款式、面料和颜色……下一次买衣服的时候会更有意识，买错的可能性会更小。

第3课：大胆尝试

你没有与你的造型签过终身合同！造型是死的，你是活的，你成长了，它也要随之变化。所以，不要犹豫去改变和尝试。不过要注意：只买真正让你感到舒适的衣服。否则，它们很可能会在你衣橱的角落里腐烂！

第4课：玩转细节

简单的服装可以因为一个配饰而焕然一新。所以，如果你的预算不多，就投资在围巾、头巾、腰带、胸针或者徽章上吧，可以无限变换你的T恤风格。如果你有创意也有动手能力，还可以给衣服加个蕾丝花边，钉一个特别的纽扣，或者缝一块镂空花布，这样你将获得独一无二的穿衣风格！

> 知识贴士

穿着体现个性

你在衣服上花的心思,部分体现出你是谁。

穿什么就是什么

猜猜看,为什么刚见面你就猜到克拉拉是个"书呆子"?因为她成绩好?那时候你还不知道她的成绩有多好!实际上,影响你判断的是……她的打扮!没错!尽管我们总是试图否认,但大部分人都是依据别人的着装而产生的第一印象。时尚达人风、饶舌艺人风还是哥特风,这些风格让你在学校操场上找到自己的定位。你的穿着向他人展示了你的品位和个性。不过你的装扮并不总能完全揭示你的内心。

它帮助你融入集体

你最害怕什么?被孤立,更糟一点,被嘲笑。所以你选择了低调的打扮,以获得他人的认可和接纳。你不敢违背课间操场上的流行趋势,太危险了。最近流行迷你裙和潮牌包包?你会不惜一切代价拥有它们,

@莉娅,11岁

我们不应该去评判别人的穿衣风格,外表也会"撒谎"……

@妮侬,13岁

别不承认,穿着也能反映我们的个性。在初次接触的10秒钟内,一个人的穿着会影响我们是否喜欢他。

哪怕它们并不符合你的品位，此刻你还不确定自己真正喜欢的是什么，因此随大流会给你带来安全感。

它表明你正在长大

你喜欢的父母总是看不惯？那就对了！到了这个年纪，你开始尝试表达自我，展示自己的独特性。再也不用什么都听他们的了！

它掩护你发育的身体

衣服可以帮你掩护正在变化的身体，是不是？比如，你并不希望所有人都注意到你"初露头角"的胸部或有些宽大的胯，衣服可以帮你扬长补短。

> ☆ 小心名牌！☆
>
> 同学之间流行什么样的衣着风格通常也会影响到你的选择，希望借助时髦的穿着赢得大家的关注无可厚非，但千万不能什么都立即要，哪怕成年人也经常无法抵御诱惑，尤其当你渴望的东西那么诱人时！如果你相信自己是因为没穿最新款的运动鞋而被别人看不起，那真是很遗憾。你和你的穿着不是一回事，知道吗？

它让你学会爱自己

让自己开心点吧！适当关心外表并不是贪慕虚荣，而是爱惜自己的一种方式。当我们觉得自己美丽时，会更有自信，也会更愿意跟人交往。

@佐伊林，11岁

> 我用衣服来暗示我的情绪：心情好，我会穿上色彩鲜艳的衣服；心情不好，我会穿上灰色或单色系的衣服……

@黛安娜，10岁

> 了解最近在流行什么是好的，我们需要这些信息来帮助自己获得他人的接纳。但如果大家都穿同一个牌子的同一款衣服，那就像同一个模子刻出来的了！

友情
很神圣!

想象一下生活中如果没有朋友,你会变成什么样的人?我们很需要朋友,也需要知道如何维系友情。这一章将为你讲述如何结交朋友、减少争吵,以及和朋友分享快乐。现在就开始吧!

知识贴士

什么是友谊？	73
友谊的黄金法则	74
3 点帮你理解校园霸凌	87
跟男生做朋友，有可能吗？	88
我总是忍不住跟朋友吵架	90
防吵架宝典	91
关于和解的 4 堂课	92
我最美好的友谊记忆	101

为你支招

9 个交朋友的实用技巧	80

趣味测试

你是哪一类朋友？	72
你能守得住秘密吗？	82
你们是哪种类型的朋友呢？	96

难题急救

我只是个"备胎"	76
好朋友和我喜欢上了同一个男孩	77
自从朋友恋爱，我们相处的时间少多了	78
我没朋友！	79
我泄露了一个秘密	83
我朋友总在学我！	84
朋友总黏着我，真是受够了！	85
救命，我被网暴了！	86
帮助朋友的 5 个建议	89
我的两个好朋友，她们处不来	94
我被朋友抛弃了	95
我的朋友搬走了！	98
好友专属活动	99
我的父母不喜欢我的好朋友	100

你是哪一类朋友？

在友谊中，你更专一还是更多情？通过测试来发现！

1 朋友们的生日：
- 你全都记在友情笔记本上了。
- 你只记得你最好朋友的生日。
- 嗯……可以跳过这题吗？

2 最好朋友的男朋友对你暗送秋波：
- 你立刻提醒朋友。
- 尽可能避开他。
- 他很吸引你，你回应了他。

3 好友克洛伊和同学诺伊米一下课就黏在一起：
- 那又怎样？
- 很确定，好友会弃你而去！
- 你有点吃醋，但你什么也没说。

4 朋友莉娅无缘无故地对你生气：
- 小事，会过去的。
- 你给她写一张小纸条，想知道发生了什么。
- 你也对她生气。

3 分及以下：

在友情中，你就像一只花蝴蝶那样轻盈。你喜欢和朋友们在一起，但别期待你付出太多！这不是有点自私吗？交朋友不要太着急！

4—6 分：

你并不想成为一个交际达人。你能区分出哪些是你处得来的同学，哪些是你真正的朋友。对你来说，友情不是空话。真正的朋友会互相帮助，而不是互相竞争。

7 分以上：

"友情急救车"就是你！你很愿意提供帮助，但也要求得到情感回报。如果你的朋友和另一个人来往太密切，你会视之为背叛。注意了，做朋友并不需要变成连体婴儿……

计算你的分数：

😄 =0 分
👻 =1 分
💗 =2 分

什么是友谊？

⭐ 友谊会让我们成长，不是所有事都可以跟家人分享的，幸好有朋友。

@ 露西，10岁半

⭐ 朋友的支持和信任，让我在生活中更加勇往直前。

@ 朱斯蒂娜，13岁

⭐ 友谊是至高无上的！真朋友就是有难同当有福同享的。

@ 玛丽娜，11岁半

⭐ 没有朋友让人怎么活！朋友是我们最信任的人，不敢跟别人说的话可以向朋友倾诉。

@ 罗拉，12岁

⭐ 朋友让人自信。情绪低落时，朋友会让我们重新振作起来。朋友在一起可以做很多事，玩游戏，出去玩……

@ 奥黛丽，11岁

⭐ 友谊就是大家一起玩、相互信任和分享秘密。但不能过分：朋友不是出气筒。做朋友，就要同时接受她们的优点和缺点。

@ 梅洛迪，10岁半

专家提示：

在你这个年纪，友谊实在太重要了！它使你成熟，帮助你更好地认识自己和减少对父母的依赖。你在与人的交往中摸索前进，满怀期待。然而这一路并不是一帆风顺的，可能有挫折，有失望，但一定也有欢乐。很难说清为什么你偏偏就喜欢跟这个人在一起，或许是因为你希望向她看齐，或许是因为你们俩性格互补，又或许是她让你感到踏实。总有一个理由，但到底是什么呢？这是个秘密。

希尔薇·孔帕尼奥
心理学家，
图卢兹父母学校校长

知识贴士

友谊的黄金法则

想成为一个靠谱的朋友吗？那就来看看这份指南吧！

尊重他们

佐伊的性格有点火爆？马克斯也是？没错，但他们对朋友也都十分仗义。就像你一样，每个人都有长处和短处。接受朋友本来的样子，不要总想着改变他们。当然，如果你发现她犯了错，或者他的态度让你不满，可以坦诚地告诉他们，但不要妄下定论，试着弄明白他们为什么会这么做。

倾听他们

总能找到人倾诉当然好，但你也需要学习做个倾听者：在朋友需要你的时候站在他们身边给他们安慰，当他们陷入低谷时伸出援手。

真诚交流

为了避免误会和无谓的争吵，没有什么比真诚更重要！只要你感觉你们之间有任何不协调的地方（例如你觉得朋友变了，你不理解她为什么会生气……），就要坦诚地讨论。

保持个性

你们是朋友，不是彼此的克隆体！没有必要总是一起做一样的事情，穿同款衣服，或者对所有事情都意见一致。差异带来互补，特点是每个人的财富。

保留空间

你并不需要为了迁就朋友而接受所有。有

时，你也需要学会说不。在真正的朋友之间，不应存在上下级的关系，没有人必须言听计从，要保留一些个人空间。

心胸豁达

在友情中不要太过计较！佐伊不是你的专属，反过来也一样。真正的友谊是不求回报的。所以，如果你的朋友跟其他女生一起玩了，在责备她三心二意之前请三思。不要把友谊变成牢笼，也不要给朋友"排名"，这只会引发不必要的冲突。

维护友谊

大胆地告诉朋友她对你有多么重要。友谊的发展和成熟需要一些小举动来滋养：一张卡片，一个你亲手制作的小物件……这些小小的举动都表明你在乎她，关心她的感受。你还可以和她分享你的喜好，推荐你喜欢的书，给她真诚的赞美和夸奖……

@法图玛，10岁

要想成为真正的朋友，就要彼此尊重。如果你的朋友喜欢某个人而你并不喜欢，你应该接受她的选择。每个人都有自己的喜好，这就是我们需要宽容的地方。

@阿加特，12岁

好朋友懂得分享，互相信任。

@玛戈，12岁

要想拥有稳固的友谊，就要多关注对方，了解她喜欢什么，如果她在做功课时遇到困难，要主动去帮助她。

☆ 朋友之间，有些事情是万万不能做的！☆

- 泄露朋友的秘密。
- 羞辱对方。
- 背后说坏话。
- 勾引对方的恋人。

难题急救

我只是个"备胎"

你的朋友只在她找不到人玩的时候才想起你，而你每次找她玩她总是摆摆手说没空？遇到这种情况，你当然很容易觉得自己被当成"备胎"。

你不想再跟这样的人交朋友了，真正的朋友会彼此分享，相互支持，不可能总是一方在付出或者在享受。你特别热心善良，但并不是"随叫随到"的。除非她对你的友谊发自真心，要不然最好停止和她交往，哪怕这样的分离会给你带来一些暂时的痛苦。

你可以把内心的想法跟她坦白："我觉得我们在一起的时间应该多一些，而不是你需要我的时候才在一起玩。"假如她听不明白，那她怎么对你，你就怎么对她。她找你时你也没空，她就会发现原来你并不是她的"跟屁虫"，这样她可能更容易体会你的感受。假如她一点反应也没有，也不回来找你玩，你就知道之前的那些表现不过是虚情假意。发现真相，难免会难过和失望，但你终究会走出来，别被这种伤害远多于快乐的虚假友情所牵绊，去寻找真正的朋友吧。

@劳尔，11岁

你不能允许朋友总拿你凑数，感受到了什么就跟她直说，她会知道你也不是傻瓜。

@奥莉维娅，9岁

去年在我身上就发生过这类情况，跟朋友聊完她也没有改正，我就找别人玩了。

好朋友和我喜欢上了同一个男孩

确实有点麻烦，你们要先衡量一下对这个男生的感情，如果你们一个比另一个"更喜欢"，那还好办一点。但假如你们对他的感情差不多，那就有下面这几种可能性。

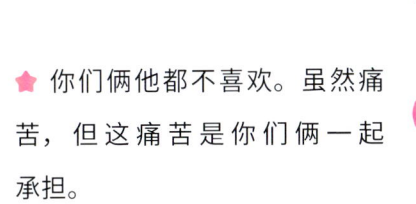

⭐ 你们俩他都不喜欢。虽然痛苦，但这痛苦是你们俩一起承担。

⭐ 他更喜欢你的朋友。你很难受，尤其如果你的朋友同意跟他相处。你可能会因为受不了而选择放弃这段友情。

⭐ 他更喜欢你。你很开心，同时又对朋友有负罪感。如果你想维持你们之间的友谊，那就尽量不在她面前过度表现出你的幸福。

⭐ 你们决定暗恋，互相之间也保密。按兵不动就不用冒险了，但也可能因此而错过一段美好感情……

⭐ 你们决定竞争。这样做很危险，哪怕你们抱着美好的愿景，友谊最终也可能会破裂。

在上述各种情况中，没有什么能证明你们之中的哪个与他的情感能够持久，但为了一个男生而失去一份珍贵的友谊肯定是一件憾事。假如他放弃了你（或她），谁又来安慰你们呢？

@萨拉

我和好朋友喜欢上了同一个男生，而他喜欢的人是我。刚开始朋友很难接受，后来想通了，她说一个好朋友比地球上所有男孩子加一起还珍贵！

@朱斯蒂娜

和好朋友喜欢上同一个男孩没什么呀，试着接近男生的同时也尊重你的朋友。

难题急救

自从朋友恋爱，我们相处的时间少多了

这并不意味着你在她心里就没地位了，但此刻诱人又强烈的爱情暂时替代友情，占据了她心目中第一的位置，如果这是她第一次经历恋爱，就更容易沉浸其中。

不要太过指责她，她或许还没意识到你不高兴。你可以跟她谈谈你的感受。假如她是你真正的朋友，肯定不会为了一个男孩而放弃一段宝贵的友谊。如果分手，她会更需要你的。

趁现在这段相对寂寞的时候，你应该多去认识一些新朋友，打开新的世界，也分散一下注意力。在一起的时间少了，那就更要珍惜，别全用来抱怨她了。你可以建议她，每周拿出一段时间单独给你们俩。

@芙洛拉

正常，她分给你的时间肯定会变少，如果她完全不理你了，你需要好好跟她说。

@波丽娜

告诉她你想多跟她待一些时间，你觉得有点孤单，不过，她更愿意和男朋友在一起也很正常，等你有男朋友之后就能理解她了……

难题急救

我没朋友！

你肯定感觉很孤独。你不敢跟别人接触，是害怕他们的评价吗？没人主动跟你讲话，你会觉得是自己的问题，无趣的人很难有朋友。为了躲避跟人交往的各种风险，你宁愿干什么都独自一人，把自己困在想象出来的孤独城堡里，你相信这样至少是安全的。

> @克拉拉，13岁
>
> 也许你对那种蜻蜓点水的点头之交没什么兴趣，渴望拥有真正的知音。这样的友谊更需要耐心等待缘分到来！

是的，跟人打交道总有意料之外的麻烦，会失望，会受伤，甚至可能被背叛和辜负。但也不要忘了，真挚的友谊也是幸福的源泉，温暖又治愈。

> @玛丽安娜，9岁半
>
> 好好观察一下操场上有没有同样形单影只的女孩，找她一起玩，你们俩就都不孤单啦。

或许你的孤单来自你的爱好和同龄女孩不大一样。她们喜欢聊穿衣打扮，而你喜欢天文学。有一点你是正确的：不能为了交朋友而失去自己。如果想多认识一些人，你可以参加自己感兴趣的社团，总有人跟你有着相似的兴趣，有了共同话题，就更容易成为朋友。

> @劳拉，11岁
>
> 可以在家里办一次派对，跟大家都聊聊，肯定有人跟你合拍的！

为你支招

9个交朋友的实用技巧

善用这些技巧，很快你身边就会有更多朋友了！

多多微笑

如果你看起来很友善，别人一定会想亲近你。别整天愁眉苦脸啦！

主动一点

不要总是守株待兔，朋友不是兔子，他们不会从天而降！勇敢迈出第一步，寻找那些看起来更友善的女孩，主动接近她们！

做好心理建设

你害羞吗？那也不妨碍你交朋友！

第1步：不要放大恐惧。大多数人都像你一样害怕别人的目光！你会冒什么风险呢？被冷落？不太可能。就算真的那样，操场上还有很多其他潜在的朋友。一次失败不会让你从此止步不前！第一步最难，之后就容易多了。

第2步：克服这个小问题。肯定有人跟你提起过戏剧课程，学习戏剧对于克服害羞非常有效。如果你对戏剧没兴趣，可以留意那些看起来和你一样害羞的女孩，接触起来应该不会太难……

参加活动

多参加活动总是更容易认识人！为什么呢？物以类聚，人以群分，不管是舞蹈、戏剧还是足球，聊起共同话题就总会有说不完的话，交朋友就容易多了。

驯服群体

短时间内融入一个新群体并不容易，尤其当成员关系已经很稳固了。但你总可以找到一个友善的女孩，和她交个朋友，也许之后她会介绍你给其他人认识？

@艾斯特尔，11岁

为了结识新朋友，我会跟班上的女生借日程表，归还的时候写个小纸条，内容大致如下："嘿，莫尔甘，我是艾斯特尔。你看起来很棒。愿意做我的朋友吗？"我就是这样交到很多朋友的！

@桑德拉，10岁

如果有女生作业不会写，你可以帮帮忙，这样就很容易成为朋友。

@诺埃米，12岁半

打开心扉，多攒几个笑话，做大家的开心果，他们就会很乐意和你做朋友啦！

选择合适时机

某些情况下话匣子更容易打开。你想认识的女生正在读一本书，制作项链或者在寻找教室。这是一个与她接触的理想机会："嘿，我叫朱莉，你在找数学课的教室吗？我也是！"或者"嘿，你也在读这本书吗？你觉得怎么样？"

自然真实

不要试图扮演一个"完美女孩"，世上不存在这样的物种！一旦你试图遮掩自己的"缺陷"，你的言谈就会显得"做作"。多谈论你真正了解的事物（你关注的时事、你喜欢的新电影、你的兴趣爱好等等）。也认真倾听对方！没有什么比那些只会谈论"我"的人更令人讨厌的了。如果你感到不太自在，可以多问问对方的想法。

创办社团

你喜欢文学、国际象棋、调查采访……但学校里没有对应的社团？自己办一个，邀请大家来参加！肯定会有和你爱好相似的同学加入进来，你们很容易成为朋友的。

利用好课堂时间

在课堂上，你越来越多地需要与他人合作完成小组作业。利用这个机会"招募"新朋友吧！接近一个看起来不错的女孩，可以提议一起做课题或研究。

趣味测试

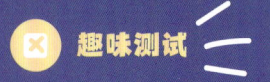

你能守得住秘密吗？

测试一下你是否值得朋友信任。

1 朋友刚为你演示了某个魔术是怎么变的……
- 你忘了这回事儿。
- 你变给别人看，但不说是怎样变的。
- 你就到处跟人讲。

2 你7岁的妹妹依然相信圣诞老人真实存在。
- 你指给她爸爸妈妈藏圣诞礼物的地方。
- 假如她坚持问你，你会忍不住告诉她真相。
- 绝对不告诉她真相。

3 朋友间聊天时，你是否遇到过因为觉得话题很傻或者没意思而保持沉默的情况？
- 从不。
- 有时。
- 经常。

4 卡米耶想知道蕾雅男朋友的名字……
- 你没明说，但给了她提示。
- 你装作不知道。
- 你告诉她了，因为她分享过秘密给你。

5 朋友经常向你倾诉内心的秘密，因为：
- 你能给她们好的建议。
- 你懂得倾听。
- 你从不出去乱说。

最多 😄 ：大嘴巴
你管不住自己的嘴。刚跟你说完，让你别跟别人讲，你还是会忍不住讲出去。试着控制一下自己，否则以后没人会信任你了。

最多 ♡ ：摇摆不定
你能保守一些秘密，并不是完全靠不住，但如果有人给你施加压力，你会很容易妥协，什么都说。

最多 👻 ：守口如瓶
"打死也不说"是你的座右铭，没有人可以威胁到你，朋友和你聊天很放心，因为重要的秘密一定不会被泄露。

我泄露了一个秘密

朋友责怪你，那也在情理之中。如果你是她，自己心底的秘密被好朋友到处宣扬，怎么会不失望痛苦？！你辜负的是朋友对你的信任！

你感到懊悔，希望重新赢得她的友情？肯定很难，但也不是不可能。

先问自己几个问题：为什么要泄露秘密？是有人强迫还是聊天时不小心说漏了嘴？又或者讲出朋友的秘密可以满足你的虚荣心？想清楚这些有助于你跟朋友解释。

态度要坦诚：如果你是无心的，一定要如实告诉她，请求她的原谅。跟她说你理解她的难过，让她暂时不要再对你坦陈任何秘密，看你之后的表现。最重要的是向她保证再也不会犯这样的错误。

假如你确实是因为管不住嘴而暴露了朋友的秘密，你就跟她坦白，同时请她帮助你改掉这个毛病，或者建议她以后只跟你说无关紧要的小秘密。如果你很真诚，她可能会理解你并原谅你。

专家提示：

一些会产生严重后果的事不能保密，如果你的朋友被敲诈，被性侵，或者她有危险的举动（比如偷窃、离家出走、自杀倾向），你应该说出来。这不是背叛，而是真正的帮助。

先试着说服她自己说出来，如果她不愿意，你就帮她说出来。最开始她可能会责怪你，但之后她会感激你的，这很可能会救人一命。

希尔薇·孔帕尼奥
心理学家，
图卢兹父母学校校长

难题急救

我朋友总在学我！

她应该很欣赏你！她跟你做朋友肯定是因为把你当成榜样了。在她眼里，你各方面都非常优秀。被人崇拜本是好事，但有时也让人烦恼。你要及时跟她说明你的感受。态度温和些，不要用教训的口吻。你的朋友很可能不大自信，她怕做自己很难被人接纳和喜欢。如果你很受欢迎，大家都欣赏你，她或许会认为照抄你的一切，大家自然也会喜欢她。

你要让她相信一定也会有人被她的独特魅力所吸引。可以这么开始：告诉她你喜欢她穿的衣服，但不妨多花点心思穿出自己的风格。和她逛街时，陪着她多试几件。发现跟她气质很匹配的衣服时，一定要及时给她真诚的反馈。多询问她喜欢什么，告诉她你欣赏她什么，让她看见自身的价值，很快情况就会发生改变。

@玛戈，10岁半

> 如果朋友特别爱学你，找个机会和她单独谈谈，温和地告诉她这让你不舒服。

@苏菲，11岁

> 就直接告诉她，只知道模仿别人永远都找不到自己。

@露西，11岁

> 我曾经遇到过相似的问题！当我对朋友坦白时，她哭了。虽然我松了口气，可心里还是有点内疚。好在她从这次冲击中恢复过来，成长了，从那以后，一切都好了。

朋友总黏着我，真是受够了！

她把自己当成什么了？你走一步，她就跟着走一步，像小狗一样到处跟着你，你觉得有点烦人。怎么才能让她知道她的行为对你而言是一种骚扰呢？温和地说出自己的感受！告诉她你有点窒息，感觉自己被跟踪。也许她只有你一个朋友？提醒她，把自己封闭在唯一的友情中并不好。想办法带她认识其他朋友。她喜欢读书，而你不喜欢，那就介绍她认识佐伊，佐伊也是个书虫，有共同爱好更容易发展为朋友。最重要的是，不要让朋友觉得你嫌弃她，这不是你的本意……但你们之间有更好的相处方法！如果需要，再次告诉她你欣赏她的地方。如果情况没有改善，你再仔细考虑是否还要维持这段友谊，根据情况采取更直接的行动。

@艾玛，11岁半

罢工吧！不和她说话，不和她玩，总之，和她保持距离，她会明白自己做得过火了。

@帕特里西娅，12岁

我也有朋友这样做过，但我明白她只是害怕接触陌生人。我介绍她认识了其他女孩，情况就改善了！

@卡米耶，13岁

先问问你喜欢这个朋友吗？如果喜欢，就客气一些，告诉她你需要一点私人空间，你也有自己的生活！如果不喜欢，可以表达得更直接点。

难题急救

救命，我被网暴了！

你最讨厌的人在网上建了一个群天天骂你？你的手机或邮箱被垃圾信息淹没？你在更衣室被偷拍的照片突然在学校里传开了？别让这些家伙逍遥法外！没有人理应受到这样的对待。有了智能设备，那些"恶意嘲笑者"可以随时发起网暴。

这不是个糟糕的恶作剧，而是校园暴力，是法律所禁止的。你要阻止这些人继续伤害你，怎么做？你可以将你所经历的事情告诉父母或者你信任的大人。说出来，这是打破所有形式的校园暴力的最有效手段。把骚扰你的人的电话号码或电子邮件地址从你的联系人列表中剔除，他们就无法再给你发送信息了。如果情况依然没有改善，你可以和父母一起去警察局报案。

专家提示：

不要回应网暴者，也不要试图报复，这样只会让形势更加激化。暴力行为都会留下痕迹，保存好文字信息，做好完整的截屏：这些证据可以用来将网暴者绳之以法。你暂时不敢说出来，是因为你觉得自己也犯了错，丢掉这样的想法，这不是你的错。

多米尼克·得勒姆
法国"网络倾听"
（Net Écoute）
公益机构负责人

3点帮你理解校园霸凌

现在这种现象被讨论得越来越多，下面这3点是校园霸凌最核心的特点。

这是一种反复的暴力行为

如果你总是被羞辱，被孤立，甚至在走廊被人推来搡去，如果这一切几乎天天发生，那么它就不再是简单的"开个玩笑"，而是校园霸凌！尤其当霸凌者明知这让你痛苦却不停手的时候，情况就更严重了。注意，我们不能把朋友间偶尔的争执与霸凌混为一谈。霸凌是一种持续的针对同一位受害者的暴力行为，这是法律所禁止的。从2016年4月开始，《关于开展校园欺凌专项治理的通知》《关于防治中小学生欺凌和暴力的指导意见》《加强中小学生欺凌综合治理方案》等在我国相继出台。

霸凌包含三方关系

你注意到了吗？霸凌者总是需要观众，这会给他们强大无敌的幻觉。因此，霸凌行为总会存在三方关系：霸凌者、受害者以及围观者，围观者要么爱看热闹不怕事多，要么会出于害怕而保持沉默。要破除这个恶性循环，你可以之后找受害者好好谈谈，给他们支持，让他们知道发生的一切是不公平的。

> 你并不孤单！走，我们去找大人求助。

被霸凌会令人痛苦

霸凌可能导致非常严重的后果。受害者可能会失去自信，食欲下降，甚至拒绝上学。最严重的情况，甚至会自杀。但这可以改变！告诉别人你正在经历的一切，向成年人寻求帮助，或者报警，一定有解决办法。

知识贴士

跟男生做朋友，有可能吗？

⭐ 当然可以和男生做朋友！我甚至觉得更好，没有女孩之间可能出现的小心眼和嫉妒心。

@ 夏洛特，11 岁半

⭐ 不跟男生说话，就很难真的了解他们！有些人认为，跟男生只能做男女朋友，这还真不一定！

@ 克莱尔，10 岁

⭐ 女生和男生之间的友谊是存在的。区别在于和男生的对话往往更搞笑，不会像女生之间比较多碎碎念。

@ 佐伊，12 岁

⭐ 有男生朋友特别酷，男生不喜欢交换小秘密，他们更偏爱运动和开玩笑。

@ 劳拉，11 岁

⭐ 和男生做朋友很棒！他们还能给你当参谋，而且他们会比女生更愿意倾听你。

@ 艾斯特尔，12 岁半

⭐ 和男生在一起，我们会讲好多开心的事儿！说实话，和他们聊天跟和女生聊天太不一样了，他们不会问这问那，也不爱说八卦。

@ 迪娜，13 岁

⭐ 我有很多男生朋友。我们会一起谈论看过的电影，一起玩。不过，他们不太会表达内心真实的感情，喜欢装成傻傻的小宝宝。

@ 玛蒂尔德，9 岁

帮助朋友的5个建议

当好朋友的顾问,并不总是轻松的,可以看看下面几个建议。

给予足够的倾听

有时候,一双专注的耳朵就足以安抚一个人的心情。让朋友尽情倾诉,不要打断她。如果她很难受,搂搂她的肩膀,给她一个拥抱。

给予足够的接纳

不要轻视她的问题。她眼里的大问题也许在你看来不足一提,但不要贬低,否则她可能会认为你在嘲笑她。你应该告诉她:"我感受到了你的担忧。"这会让她感受到自己的情绪被你接纳。

主动提出帮助

多询问以便确定她所面临的问题以及她希望你如何帮助。告诉她,无论情况如何,只要你们并肩作战,总会找到解决的办法。你可以分享自己的想法,但不要指挥她。

设身处地

由于你们彼此非常了解,经历了许多相同的事情和烦恼,所以要设身处地为她着想。想象如果你处于她的位置,你希望人们怎样帮助你,然后以同样的方式去帮助她。

坦率表达

有时面对朋友的难题,你也会感到困惑、愤怒或不知如何是好。这时候你要诚实一点,告诉她问题比较严重,建议她寻求成年人的帮助。

知识贴士

我总是忍不住跟朋友吵架

@索拉雅，11岁

相处久了关系容易进入瓶颈，保持点距离能够让你们更加珍惜对方。

@克拉拉，9岁

这很好理解，因为你们是不同的两个人。每个人都有自己的观点和个性，有些小摩擦是正常的。大部分争吵都是为了鸡毛蒜皮的小事，一个误会，一句抱怨，都可能点燃一次争吵。

吵架的原因通常很琐碎，但它也有点用。一架吵完，大家的心里话都摊开了，我们也就更能知道对方的真实想法了，也会更注意自己的言行。

吵架也不是一无是处的：它能释放你心中的怨气，让对方知道你的忍耐限度；它甚至能改善朋友之间的关系，当然前提是吵完双方能够更了解彼此的想法。注意：如果你频繁与朋友发生争执，这可能是一个信号，你们之间的确有问题要解决。有没有可能是你向对方要求太多或者太过自我？为了改善关系，需要有所行动。

@小玉，12岁

朋友间的争吵随处可见，即使是双胞胎也会吵架！

防吵架宝典

你已经厌倦了朋友之间"小题大做"的争吵？
那就让我们一起学习如何躲避"争吵雷区"吧……

别等问题堆积如山

一旦发现什么风吹草动，立马摊开来谈。如果你拖延不表达，你的头脑就会变成怨气的堆放站，等到你"火山爆发"的那天，结果肯定会是"玉石俱焚"。

逃离"攻击模式"

你肯定不喜欢被嘲笑或者被欺负，对吧？你的朋友也一样，请尊重她的感受。总之，己所不欲勿施于人。

实话实说

朋友的态度让你有点不舒服？那就直接告诉她，不要闷在心里。这样的话听起来不会那么舒服，但她从你嘴里听到总比从学校的流言蜚语中得知要好。一点技巧：不要在大庭广众之下批评她，要照顾到朋友的面子。说的时候保持平静，对事不对人。比如你可以说"我不懂，你昨天为什么没等我就走了"而不是"你太没品了，昨天居然没有等我"。

不要轻易发怒

愤怒像个坏顾问，总给你出馊主意。在一股脑儿倾泻你的怒火之前，问问自己：现在的情况真值得我火山爆发吗？试着把情绪的掌控权拿回来。

保持开放

别太固执，耐心听完朋友的观点……即使有些让你觉得不爽。

大方认错

如果你发现自己做错了，那就赶紧承认错误并道歉。这样，你就能避免自己深陷争吵的泥潭。

知识贴士

关于和解的4堂课

你跟好朋友吵架了，觉得这么做特别傻？是时候行动起来了！

第1课：勇敢迈出第一步

你们两个都躲在角落里生闷气？干得好！这说明你们肯定能很快和好……来吧，鼓起一点勇气。谁先道歉并不重要，重要的是你们的友谊，对吧？如果你们两个都不采取行动，那就是双输的结局。而且拖的时间越长，就越难和解。如果你真的生气了，那就让自己冷静一两天后再行动，用类似"我想你了"或者"我们吵架真是太傻了"这样的句子开始对话。如果你觉得面对面说这些话很难，可以给她写张小纸条！如果开始的时候，你的朋友不愿意回答你，不要生气。可能她还太生气了。给她一些时间，告诉她如果她想谈谈，你会等她。

第2课：表达各自的想法

好啦，你们已经准备好谈话了。首先，不要去追究谁对谁错，那不是最重要的，对话是为了彼此有更多的了解。听她说完，不要打断她，设身处地为她考虑。你会更好地理解她的观点。即使你不同意，你也能理解她为什么会生气或者感到受伤。然后，轮到你表达。提醒一下：这个问题只关系到你们两个，没有必要邀请整个小圈子，她们在场可能会让事情变得更复杂。现在已经很困难了，对吧？

第 3 课：表达各自的情绪

尝试以平静，没有侵略性的方式沟通，这样对方更容易听进去。你可以用以"我"为开头的句子，讲述你的感受。例如："你和安娜一起去看电影却没带我，我感觉被冷落了。"这比"你和安娜一起去看电影了！"表达得更清楚。

第 4 课：寻找解决方案

现在，你们知道彼此心里是怎么想的了，可以向前看了。如果你无意中伤害了朋友，就向她道歉。即使在你看来，你并没做错什么，但你可以因为自己让她难过而道歉。这样，你这么做也是在告诉她你尊重她的感受，要为自己感到骄傲：你是个真正的朋友！

也可能这次是你要选择是否原谅，原谅没那么轻而易举，也很难当作什么都没发生过。你当然可以不忘记，但你也可以选择让过去成为过去，一起朝前看！

尽管你们都努力了，却并不总能达成一致？没关系！没有人说你们必须想的一样，但可以保留分歧的同时保持友谊。这进一步证明你们都珍视这份友谊！

难题急救

我的两个好朋友，她们处不来

也许只是因为她俩兴趣性格截然不同！这种情况下，你也不必强求她们成为朋友。你可以合理地安排时间，分别和她们见面，不要总在一个人面前提另一个人。这样可以避免给她们带来不必要的困扰，也可能她们之间有一些嫉妒情绪：每当你和其中一个人亲近时，另一个就会觉得被冷落。出现竞争，纷争便在所难免。该怎么解决呢？

首先，向她们保证：在你心中，她们两个同样重要。但也要提醒她们，友情不是牢房，总会有你跟其中一个单独玩的时候，那并不代表你要疏远另一个。

当然，三人的友情并不一定要建立在完全一致的基础上。你喜欢这两个朋友，原因各不相同。试试列出你们的共同喜好吧？这样可以让你们更了解彼此，增进友谊。如果她们让你二选一，你可别犯傻，要跳出这个框架，提出更适合三个人友好相处的协议：不开心的时候要直接表达出来！这样，误会也能更快被澄清，感情才能持续更久。

@克洛伊，12岁

你可以尝试理解她们为何不喜欢彼此，是否存在误解，同时也努力让她们看到对方的美好之处。

@朱斯蒂娜，12岁

在她俩意识到你已经对这种幼稚的纷争感到厌倦之前，避免和她俩太多接触。

我被朋友抛弃了

你伤心也是在所难免。曾经如影随形，无话不谈，如今她却"抛弃"了你，强烈的失落感会刺痛你。遗憾的是，无论谁都会经历主动或被动的分离，成年人也无法幸免，这就是生活的一部分，成长的过程也包括接受失望，接受自己不能被世界上每一个人喜欢。

你可能会疑惑，自己做错了什么，才会被如此对待。也许你什么都没做错！你和你的朋友可能只是成长节奏不同，自然而然地，你们就疏远了。或许你付出了真心，而朋友却是虚情假意。那么下次，你要更加审慎。

不过，如果这种情况屡次发生，你就需要反思一下：是不是与朋友的交往中，你表现得太自我了？有效的沟通需要你既能表达自己的需求，也能倾听他人的感受。又或者你对她的要求过高：你期待她是你灵魂的知音，朋友也厌倦了你的不满。不可能一开始就找到完美友情的，毕竟你还在成长的旅途中！

@夏米，11岁

如果你的朋友总是无缘无故放你鸽子，那她可能不算一个真朋友。忘了她吧，去寻找真正的朋友。

@露，12岁

我明白你现在的感受，挺艰难的。挺过这一阶段，找到新的朋友，就会好起来。

@小玉，9岁半

如果只是吵了一架，就跟她好好谈谈，写封信给她也行，很可能会和好的。

趣味测试

你们是哪种类型的朋友呢？

为了揭示你们友谊的内涵，你和朋友可以分别完成下面这个测试，做完将每道题的得分相加。

1 和她聊天时，你会有以下哪种感觉……
- 心有灵犀，太神奇了。
- 她总在用心倾听你。
- 她总抢着说话。

2 开学后你们不在同一个班级：
- 你有点不知所措。
- 你会不做作业以表示抗议！
- 你的孤单不会持续太久，因为你很健谈！

3 你的朋友被邀请参加佐伊的睡衣派对，而你没有！
- 如果她背着你去参加了，那就是背叛。
- 你为了报复她自己办了一个卡拉OK派对！
- 一开始你有点生气，但这终究是她的事。

4 是什么让你们走到一起？
- 相同的兴趣爱好。
- 相似的善良品质。
- 讨厌同一个女孩。

5 你们都迷恋同一款打折的牛仔包：好便宜！
- 你们不约而同地买了，太有趣了！
- 你开心买来送给了她。
- 你先看到了，所以它是属于你的！

6 什么可能终结你们的友谊？
- 搬到很远的地方。
- 喜欢上同一个男孩。
- 不再有共同话题。

	1	2	3	4	5	6
😛	3	2	3	3	3	3
👻	2	3	1	2	2	1
💛	1	1	2	1	1	2

总分在 14 分及以下
你们都觉得和对方在一起的时候自己更强大了！坚定的友谊让你们背后长出了翅膀，当然偶尔的小打小闹也实属正常。你们是一对欢喜冤家，总在争吵和和解之间游走，其他女生会惊讶你们的友谊竟然可以维持下去。

总分在 15—25 分
你们两个性格完美契合，信任和尊重是你们感情的支柱。你们拥有一个只有你们两个人知道的秘密花园，在那里可以互相交换心事，但并不意味着你们会疏远其他人。这是一段注定持久的友谊。

总分在 26 分及以上
你们太黏着彼此了，仿佛把周围人都当成了空气，没有对方的首肯，你们很难做出自己的决定，缺乏独立性，到更广大的世界里透透气吧，班上肯定有其他女孩希望走近你们。

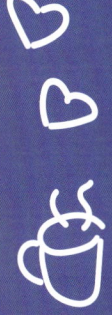

难题急救

我的朋友搬走了！

你害怕你们的友情随着她一块儿飞走了？放心吧：距离不会阻隔情感。有的好朋友甚至几个月都见不了一次面，可一旦重逢，就会亲密如初！如果住得很远，想让友情保鲜，就需要双方多付出一些努力，但没有什么是克服不了的！可以打视频电话、发电子邮件、写信、约时间一起出去玩，定期交换日记，等等。办法总比困难多！

@玛戈，10岁半

当朋友（或者是你）要搬家，可以制作一本纪念册，记录你们共度的美好时刻，比如有趣的照片、爆笑瞬间等，这会帮助你减轻离别的伤感。

@露西，9岁

尝试忘掉朋友并不是一个好主意，因为做不到。想念她的时候，多想想那些笑出声的时刻而不是伤心的画面，你还可以在床头放一张她的照片。

@卡米耶，13岁

人们常说"距离远了心也会远"，但并不总是如此，比如我，虽然搬过四次家，还是通过打电话、写邮件、写信等方式和老朋友保持着密切的联系。

好友专属活动

参考下面的建议，为自己和朋友制造一些美好的回忆。

睡衣派对

必不可少！夜晚狂欢，聊到天明，吃吃喝喝，笑声不断，绝对的狂野之夜！

人生电影

下雨不能出去玩？太好了！利用手机上的趣味 App，给你们创造一次明星人生，拍点疯狂搞笑的短视频或者用照片写一篇小说吧！

创造暗号

谈论心头好时，给它们起个代号，就你俩知道。这样，你们就可以随便聊，而其他人什么都不知道！

双胞胎行动

一天或几天内，把自己变成朋友的克隆人：相同的打扮，相同的发型，相同的举止，看看效果如何。

疯狂自拍亭

定期去自拍亭里拍点搞怪照片，多留一张备份，这样每个人手上都能保存一张！

未来之约

在一个铁盒子里存放你们所有的记忆：照片、邀请函、友谊手环……将盒子埋在只有你们知道的地方（记得留一张藏宝图），许下愿望，3 年、5 年或 10 年后一起打开它！

明星休息室

你们两个都超级迷恋一个歌手？那就演唱会结束后，去她化妆间外面等候，索要一个签名或者自拍照。

难题急救

我的父母不喜欢我的好朋友

他们对她有哪些不满？还是也没给出具体的原因？也许他们就是有点接受不了你越来越有主见了。朋友是你生命中第一次独立做出的选择，没人能逼你和谁做朋友，这全都是你自己决定的，这也算你步入成年生活的第一步。这么一来，爸妈有点不适应也挺正常的。你懂的，他们总是觉得孩子长大得太快。

也有可能是他们发现你被这个朋友带坏了？你怎么看呢？也许这位朋友和你很不一样，她从不跟人打招呼。你父母怕你也变成她那样，他们可是特别在意礼貌礼节的！让他们放心，虽然你们是朋友，但你不会学她不好的地方。让父母了解她吸引你的地方以及那些有趣可爱的品质。也可以邀请她来家里玩，让父母多点机会了解她真实的样子。走近了自然也就更放心些！

专家提示：

注意，如果跟这个朋友相处导致你的学业成绩下降，或者她会鼓动你去偷东西、干坏事，那父母的担心就有道理了，这背后是他们对你的爱和责任。你应该尝试冷静下来，好好了解下这个朋友。

希尔薇·孔帕尼奥
心理学家，
图卢兹父母学校校长

@波丽娜，11岁

只要父母没见到你的朋友，都没事。但如果她经常来你家，他们可能会禁止你跟她交往。所以，你告诉他们这位朋友是有哪些优点的。如果还不行，你可以提醒朋友礼貌一些……

@贝利纳，11岁

父母不喜欢你的朋友也没关系，你不一定非要跟他们提起她……

我最美好的友谊记忆

★ 哈哈，记得有一次，我们一起装上红鼻子扮成小丑，嘴巴周围还沾满了巧克力蛋糕的碎屑！简直笑翻了！

伊内丝，11岁

★ 一次上科技课，我们互相做鬼脸。太好笑了！老师让我们当着全班同学的面重复做鬼脸，"要看看到底好不好笑"，没人笑要被罚留堂。你们应该能想象这场灾难：大家都在笑我们！我们俩也笑得停不下来！

波丽娜，12岁

★ 上次我在学校被冤枉了，朋友出面为我辩护，结果她也被校长和教导主任说了一顿！

索拉雅，13岁

★ 有一次我们在一个朋友家，我们化完装，打算去敲另一个朋友家的门。一路上，路人都带着一种特别滑稽的表情看我们。太有趣了！

索莱娜，11岁

★ 我们当时正在说一些搞笑的事儿，突然一辆车高速向我冲来。本来差点要撞到我，幸亏我的好朋友及时把我推开……结果她自己被车撞到了脚，还缝了针。她是我的救命恩人！我永远感激她。

苏菲，10岁

★ 去年，我得了阑尾炎，疼得要命。我最好的朋友一直陪着我，安慰我。我没去学校落下的课程，她都给我补上了，讲解特别认真。如果这都不是真朋友那什么是真朋友？

莫阿娜，12岁

你有喜欢的人了!

啊,心动!这神秘的感情,让你心潮澎湃,经常既有甜蜜,又不得安宁。真的有人会喜欢上你吗?你又该如何向他倾诉你的情感?怎样才能确定对方是不是也对你有意思?让我们在这一章揭开谜底吧!

知识贴士

什么是喜欢？　　　　　　　　　　　　　　104
关于男孩的真相　　　　　　　　　　　　108
4 节课让别人喜欢你　　　　　　　　　　112
和一个人约会，意味着……　　　　　　　118

为你支招

告诉别人"你喜欢他"的 5 种方式　　　　　106

趣味测试

你真的心动了吗？　　　　　　　　　　　105
你的心动对象也喜欢你吗？　　　　　　　117

难题急救

我对男生不感兴趣，这正常吗？　　　　　110
我同时喜欢上了两个男孩，该怎么选择？　114
我喜欢上了自己最好的朋友！　　　　　　115
他喜欢我，但我没感觉　　　　　　　　　116
我没有男朋友！　　　　　　　　　　　　119
我喜欢上了一个比我大的男孩　　　　　　120
他不喜欢我了　　　　　　　　　　　　　121

知识贴士

什么是喜欢？

★ 喜欢是一种特别强烈的情感，甚至都无法给怀疑和犹豫留点地方。当你真心喜欢一个人，你会从心底感受到。

诺拉

★ 如果一个男孩让你心神不宁，总出现在梦里对你轻声细语，你每次看到他都会狂喜难抑，那你就是喜欢上他了！

劳里

★ 相处的时候，我们很难准确用语言表达出自己的感受。只能说那是一种既美好又奇异的感觉。

缪丽尔

★ 我认为在我们这个年纪还很难理解"真爱"二字。也许你以为可以，但其实不行。

克洛伊

★ 我觉得喜欢是一种很幽深的情感，一种奇妙的感觉，我同时感到幸福和恐惧，好像被施了魔法一样。

露

★ 对我来说，爱就是一股力量。当我们喜欢一个人，并得到对方的回应时，世界会变得美好，我们会感到快乐、放松，一切都变得透明。

贾米拉

专家提示：

虽然你这个年纪的喜欢和成年人的爱情是两码事，但情感的真诚和炽热毫不逊色！

喜欢是什么？你现在还不清楚。了解自己已经是个难题，更别说看懂别人了！不要急于求成，给自己时间去经历，去体验。请放心，你是值得被爱的，百分百确定！

希尔薇·孔帕尼奥
心理学家，
图卢兹父母学校校长

你真的心动了吗?

有人让你心动了,但你还不敢确定?来测试一下吧。

使用说明: 每个说法后面画 0—3 个心,画得越多,说明这个说法越符合你的情况。

自从你遇见他,其他人都成了隐形人。♡ ♡ ♡

你一开口就是他的名字。虽然这让朋友们有点烦,但你不在乎! ♡ ♡ ♡

竟然有人比你跟他还要亲近?你会嫉妒得浑身发绿! ♡ ♡

智慧、幽默、友善……你只看到他的优点! ♡ ♡ ♡

你会"碰巧"与他擦肩而过。每次看见他,你的心里小鹿乱撞。 ♡ ♡ ♡

你希望了解他的兴趣爱好。 ♡ ♡

为了取悦他,你会做自己之前不喜欢的事情:比如下棋。 ♡ ♡

当他主动和你说话或者夸奖你的时候,你会脸红心跳、口齿不清。 ♡ ♡ ♡

你希望一直陪在他身边。一天不见面?太难熬了! ♡ ♡ ♡

数一下你圈出的 ♡ 你对他的喜欢……

0—8 个 ♡:有一点
没错,你对这个人有好感。但你真的喜欢他吗?不太确定。如果你遇到另一个同样好的人,你可能会改变主意。建议你留点时间,让感情变得更清晰坚定。

9—17 个 ♡:有很多
你是喜欢他的,但不至于为他失去理智。你愿意吸引他的注意力,但又不愿意主动追求他。在表白之前,你想先确保不会被嘲笑。这样更保险!

18—27 个 ♡:很疯狂
毫无疑问,你已经深陷狂热难以自拔了!会不会有严重后果?不一定,只要你保持自己的兴趣爱好和学习节奏,且你们的感情是双向的,就没太大问题。试着更深入了解彼此……

为你支招

告诉别人"你喜欢他"的5种方式

表白没那么容易呀……

给他写封信

别搞得太复杂。如果你找不到灵感,找本好书参考一下或者写首诗也行。写好之后悄悄地把信藏在他的外套口袋里,或者趁他一个人的时候交给他。

+ 不直接表白好处有很多。面对信纸时,你没那么紧张,大脑依然能顺畅地思考,可以斟酌词句,写得不满意还能删掉重写……

- 你看不到他的反应。

@玛丽

向你喜欢的男孩提议玩"真心话大冒险"!如果他选了"真心话",就问他喜欢的人叫什么。

@希姆

课间去找他,向他坦白你的心意。如果你容易紧张,记得提前在镜子前练习一下。

@肯萨

不要说太多你对他的感受,可以提一些问题请他回答。

直接告诉他

找一个他身边没人的时候,试着直视他的眼睛告诉他"你喜欢他……"。如果你有些害羞,说话结巴,不用害怕,这种真实的反应更动人。

+ 面对面表白你会立刻得到他的答案,还可以观察他的反应。

- 被拒绝的话,你也会很失望。

为你支招

电话表白

拨通电话后，直接开口或说出提前准备好的话。

+ 有了电话这层"屏障"，你没那么紧张，且不必直视他的眼睛……
- 你可能会语无伦次，也看不到他的反应。

@罗拉

最好别在手机上发信息表白，你看不到他的表情，说这么重要的话，看到对方的反应是很重要的。

@吕希尔

男孩子很含蓄：他们不擅长表达自己的感情。所以，找他聊天时，要避免他的朋友和你的朋友在旁边。

找中间人传话

请一个可靠的朋友充当中间人，或者向他的朋友打听他是否对你有好感。

+ 这样就省得"面对面"了。
- 经常惹恼男孩，"信使"也不一定可靠……

保持神秘感

给他发一封信或者一条短信，写上一句有趣的话，比如：我们是同学，我想了解你更多一些。你猜我是谁？署名是一个神秘的仰慕者。

+ 你可以秘密观察他的反应，看他能不能猜到是你，能否明白你的心意。
- 他很可能会不明白。

@朱莉

我曾经写了一封可以互动的信，信上写着"我喜欢你：1. 一点 2. 很多……"，我圈出了我的想法，然后把信放在他的柜子里，等信回到我手上的时候，我看到他圈了"一点"！

@玛丽

先接近他，成为朋友，这样就能更多了解彼此了。你太害羞？给他出个有趣的谜题，或者告诉他，对你来说他不是个普通朋友，他会明白的……

知识贴士

关于男孩的真相

别被想象和偏见蒙上眼睛，一起揭开男孩的神秘面纱。

他们只想着踢球（汽车、电子游戏……）
（假）

所以女生只在乎穿衣打扮咯，谁说的？这种刻板印象很无聊。没错，你们的品位确实不同，但这并不是在出生时就定好的。你肯定能找到一些讨厌足球的男孩！那么，性别的差异从何而来？有人从生物学的角度做出了解释：男性女性染色体不同！他们认为男孩体内存在的一些激素会使他们更活跃和好斗。

然而，这并没有得到证实！实际上，主要的影响因素是……父母养育的方式！他们为你们选择玩具和活动，经常下意识地用不同的态度对待女儿和儿子。例如，他们可能会让你安静地玩耍，然后却会和你的兄弟玩"打架游戏"！因此，你很早就学会了按照别人对你的期望做出反应。

他们对女孩不感兴趣（真、假）

跟年龄有关。看看课间休息的情形吧：男生跟男生玩，女生跟女生玩，很少有交集。在你们这个年纪这很正常，因为在同性朋友中更容易找到自我，他们也能更好地理解自己。

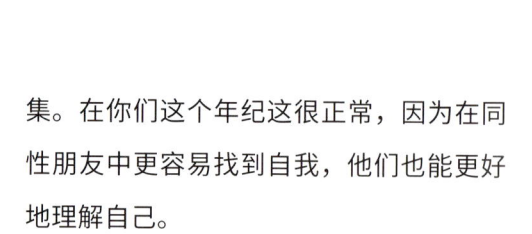

但随着青春期的到来，一切都变了。异性开始变得更有吸引力。但是，男生女生发展的速度不一样，你可能会觉得男孩完全不在乎女孩。其实正相反，他们不是傻瓜！他们清楚地意识到，你在改变，而这正是让他们感到不太自在的地方，这也可以解释为什么当你向男生表白时，他的反应会很讶异和尴尬。再过几年,情况就不一样了。

男孩子是不会哭的（假）

真的吗？只有女孩子才会难过？当然不是,男生也有脆弱的时候。但男生从小就被教育当着别人面哭鼻子是很丢脸的事,因此他们觉得自己在任何情况下都应该表现得坚强,否则会招来嘲笑。所以哪怕痛苦难忍,男生也会想尽办法绷住情绪,尽量不暴露脆弱。其实他们要是能哭出来就好了,眼泪可以缓解痛苦。所以女孩们,如果你碰见男生哭泣,千万不要嘲笑他。

他们不擅长表达自己的感情（真）

这要看人！也有女孩不擅长表达自己的感情。大家总觉得女孩爱说话,是因为女孩从小到大都被鼓励表达她们的感受。但对男孩,却总是让他们少说一点,不要婆婆妈妈,这个形容词对女性来说也很不友好！

难题急救

我对男生不感兴趣，
这正常吗？

你对男孩子没什么感觉，当然可以啊！关不关注男生，是你的自由！如果你仅仅看别人都有男朋友了就随便找个男孩约会，那才有问题。也许，在此刻的你眼中，男孩只是朋友，或者……一群傻瓜！你不会为"某某喜欢我吗"或者"他有关注我今天穿的漂亮衣服吗"这类问题而纠结。不过我想告诉你，不去尝试了解他们有点可惜，他们和你是很不一样的物种，你能从他们身上学到不少新东西。可以跟他们分享你的兴趣爱好，或者在课堂上发起一些讨论，邀请他们参加。如果你身边的女生谈论"爱情"的话题让你尴尬，你可以请求换个话题，干脆离开也行。

@佩琳

现在没有喜欢的男生很正常，以后会变的！对男生产生兴趣，遇见喜欢的人是需要机遇的，不是吗？

@努拉

长大之后，我跟男生玩得越来越多，我自己也变得更成熟了，总想尝试新事物。

@肯萨

并不是非要关注男生不可呀，你喜欢做什么就做什么呗！我就更喜欢跟家人和朋友在一起。

@诺米

我不大在乎男孩，可又对他们有点好奇。我必须承认偶尔也挺想有个男朋友的。我猜大部分女孩都有相似的想法，你不觉得吗？

一般来说，女生发育会比男生早几年，表达能力和同理心也会和男生有些差异，所以，暂时聊不到一起去是很正常的。青春期是探索身份和兴趣的时期，有些女生会更关注学业、友谊、爱好或个人发展，而不是"恋爱问题"。这一点也可能受到家庭的影响，在某些文化或家庭中，更鼓励女生专注于浪漫情感之外的生活。

而且，想法也不是一成不变的！无论你最终做出什么样的选择，只要那是出自你的内心，就是正确的。

专家提示：

你并不会在某一天醒来时突然发现："啊，我对男孩子有兴趣了！"认识和发现异性，这需要时间，每个人都有自己的节奏。你的"爱情品位"也在构建中，此刻的情感像无头苍蝇一样四处游荡，过一段时间，情感才会定下来。你现在更喜欢跟女孩一起玩是可以理解的。

因为更熟悉更安心！青春期的你正经历着身心巨变的复杂时期，男生也许会让你有点害怕。所以我们要慢慢适应，尊重独属于自己的情感节奏。

希尔薇·孔帕尼奥
心理学家，
图卢兹父母学校校长

知识贴士

4节课让别人喜欢你

不是什么万能秘方，但至少可以增加一些个人魅力。

第1课：做你自己

为了吸引心动男生的眼球，你是不是什么都愿意做：改变造型，甚至性格都能变！千万别这样，要不然，男生最后喜欢上的人和真实的你没有一点关系。别太复杂，做你自己。

第2课：多花时间

知己知彼最重要！电光石火的一见钟情可能让你心动不已，但是，真正的喜欢却需要你在对方身上投入时间，探索他的喜好，与他深入交流，逐步发现和欣赏彼此的独特之处。哪怕最后你发现自己没有那么喜欢他，但也可以得到一位新朋友。生活就是如此丰富多彩，总是充满惊喜。

@朱莉亚

做你自己吧，没必要为了吸引他而把自己改造成另一个人。如果他觉得你挺不错的，但不是他喜欢的类型，那也没必要为他改变。

@克莱尔

想办法了解他，看看你们有没有共同的兴趣爱好，了解透彻之后也许你就会对他失去兴趣了（我朋友就是这个情况）。

@卡罗拉

先跟他混熟。多玩、多聊，下课时想办法坐在他旁边，这样他就会意识到你喜欢他了。

@朱斯蒂娜

用炽热的目光吸引他，但看他的时间别太长，以免吓着他或激怒他。

到其他有意思的人和事，甚至发现你身边一直有个很优秀的男孩在偷偷喜欢你！

第 3 课：懂得保密

千万别到处嚷嚷，恨不得全天下都知道你喜欢谁。喜欢是很私人的情感，不是随便和谁都可以分享的。想象一下，你心仪的人在大家起哄时得知你对他的感情，他可能会非常尴尬。更糟糕的是，哪怕他喜欢你，也可能为了掩饰尴尬而对你嗤之以鼻。多可惜啊！所以记得保持低调。

第 4 课：懂得放手

你已经竭尽全力，但如果依然看不到希望，即使痛苦，也别强求。感情是求不来的，你不能强迫任何人爱你。如果你坚持像口香糖一样黏着他，他甚至可能会说出一些伤人的话。你最终一定会忘了他，遇

难题急救

我同时喜欢上了两个男孩，该怎么选择？

你发现自己的心在两个人之间摇摆不定，这是因为你正在体验心动的喜悦。这种犹豫不决是正常的，因为你对自己的感觉还不太确定。你能否分别说出这两个人吸引你的点？请注意，试着区分一下喜欢和欣赏。这时候再回答他们两个都让你动心了吗？

花一些时间和他们相处，看看分别后，哪一个会让你更想念，再听从你的心。但是，要小心，这两个男孩并不是你的附庸，他们和你一样，都是有血有肉的人，设身处地为他们想一想。如果有一个男孩告诉你，他在你和你最好的朋友之间举棋不定，你可能会想："骗谁呢！谁都不爱！"

最后，你知道这两个男孩对你的感觉吗？这或许可以帮助你做出选择……

@海洛伊斯

选你在他身边最放松，对你最上心的那个。

@小玉

你可以同时欣赏两个男孩，却只能喜欢上一个或者谁都不喜欢！花时间好好了解他们，这样你也能知道哪个男孩真心对你好。

@玛雅

想象你搬家了或者连续一周见不到他俩，问问自己谁让你最想念，就知道你最喜欢谁了！但千万不要同时跟他们两个相处！

我喜欢上了自己最好的朋友！

你在犹豫是否应该对他表白吗？这个决定只能你自己做。首先，你得弄清楚自己对他的感情到底是哪一种，也想想如果他不喜欢你，接下来要怎么相处？你能否接受只是朋友的关系？特别是你表白后，可能相处起来就不像之前那么自在了。另一方面，如果你保持沉默，以后可能会后悔。

在你采取任何行动之前，先搞清楚他的想法：他对你的感情是否有变化？你可以请朋友们观察他的行为并提供意见，也可以向他释放一些信号，看他的反应。如果他好像对你有感情，那就放手一搏吧。无论成功与否，依然可以继续做朋友。

专家提示：

喜欢上最好的朋友，或者你认为自己喜欢他，很可能是一种规避风险的策略！为什么呢？因为这让你不用过多地面对情感中的风险。青春期的情感是未知的，但好朋友是你了解的，你会稍微安心一些。

希尔薇·孔帕尼奥
心理学家，
图卢兹父母学校校长

@玛蒂尔德

派一个朋友去打探一下情况，这也是我曾经为我最好朋友做的，结果是那个男孩也喜欢她！

@塔拉

的确有可能破坏你们的友情。你可以旁敲侧击问一下他，比如："你觉得爱情会破坏友情吗？"根据他的想法进一步做出你的选择！

难题急救

他喜欢我，但我没感觉

知道自己被人喜欢终究是件开心的事儿！但面对喜欢自己而自己却不喜欢的男生，哪怕他的一些举动很让人感动，有时也会让你恼怒。你不知道如何在不伤害他的情况下拒绝他的表白。

首先要知道向一个人表白是需要勇气的，你不要对他太凶，男孩子的心也是肉长的！虽然告诉他你不喜欢他的事实会让他难过，但还是得讲清楚，态度要坚决，否则他会抱有幻想，这样只会让你接下来更不舒服。

你可以告诉他，他的表白很动人，但你对他没有那种喜欢的感觉。如果他问你为什么不喜欢他，你可以告诉他，有没有感觉很难解释清楚！

@爱丽丝

写封信给他，告诉他你的想法，让他晚上回到家或周末再打开。

@菲奥娜

拒绝他的时候要委婉一点，我曾经喜欢过一个男孩，他让我别烦他，我听到心里别提多难受了。

@安娜

跟他解释下，你对他的感情不是喜欢，注意语气和用词，也要谢谢他的喜欢，这让你很开心。

趣味测试

你的心动对象也喜欢你吗?

从友谊到心动,要多走的往往不止一步。所以,如果你想知道一个人对你有没有感觉,可以完成下面这个测试,做完就有答案啦!

玩法介绍:对照下面的每一种情况,勾选一个最能反映你心动对象态度的选项。

	很少	经常	总是

1. 跟其他女生相比,他总愿意和你多聊几句。
2. 有人欺负你时,他会挺身而出,为你撑腰。
3. 只有你们两个人时,他会问你一堆问题。
4. 你坐在他旁边时,他可能会害羞,或者笑得有点傻。
5. 他出去玩或参加派对时,总会带上你。
6. 他总是抓住每个机会赞美你,比如"你好幽默""你今天穿得真好看"。
7. 他乐意把他的东西借给你。
8. 就算没有特别的事要告诉你,他也会在课间找你聊聊天。
9. 如果你假装不理他,他看起来会特别失落。
10. 他会偷偷看你,还在你看不到的时候对你微笑。

最多选"很少":他把你当朋友
因为你的搞笑天赋和可爱样子,你的心动对象喜欢和你待在一起。但至少现在,他还只是把你当成好朋友或知己。这已经很棒了!说明他对你很信任。

最多选"经常":他也搞不清楚
爱情还是友情?他举棋不定。一些时候他觉得你是超级好的朋友;另一些时候,他又被你美丽的双眸所诱惑!总之,他也不明白这是不是心动。

最多选"总是":他肯定喜欢你
你还在怀疑他对你没感觉吗?误会了!即使你的心动对象努力掩饰,也抵挡不住你的魅力。他只是在等待你的信号。如果你毫无表示,他可能会因为害怕失败而不敢说出来。

知识贴士

和一个人约会，意味着……
一张小小的清单戳破心动的秘密。

♡ 在海边尽情漫步。
♡ 深入交谈，把时间抛诸脑后。
♡ 在黄昏或白云点缀的天空下，共享这份宁静。
♡ 用甜蜜的语言，诉说心底的温情。
♡ 时不时安排神秘的小约会。
♡ 就这样安静对视，无须言语。
♡ 赠予 ta 一个刻有自己名字的手链。
♡ 为了听见 ta 的声音而拨通电话。
♡ 在游泳池边赛跑，获胜者的奖励是一起吃大餐。
♡ 刚到学校就奔向对方，让新的一天充满欢乐。

@卡米耶

和一个男孩约会，就是脸红心跳地感受着彼此。

@佩吉

约会就是互相多聊彼此都感兴趣的话题。

♡ 一遍又一遍地写那封信，因为找不到最恰当的词语来诠释内心的情感。
♡ 猜测 ta 此刻的思绪。
♡ 真挚地赞美对方，而这份赞美发自内心。
♡ 长时间不见，再次相遇时我们会立即冲向对方。

@艾斯特尔

约会就是跟对方分享很多很多令人兴奋的事儿。

@罗拉

准备好了再约会，一起散步、看电影，如果想的话，还可以拥抱对方。

我没有男朋友！

别慌！谁说必须有？好朋友们总爱分享自己的心动经历，这让你感觉单身很不好意思吗？小心：她们可能会夸大一些细节，只是为了显得更"成熟"。

没有规定说到了某个年龄就必须有男朋友！关键在于你想不想。如果只是为了攀比而匆忙交个男朋友，结局很可能会让人失望。

没错，恋爱会让你显得不那么落伍，但这并不意味你会因此更爱自己，你也会遭遇内心冲突。喜欢是一种宝贵的情感。

互相了解是需要时间的，着急不得。与其头脑发热随便找个目标，不如静静等待那个真正值得你为他付出的男生。当那个合适的人出现时，你会知道所有的等待都是值得的，相互欣赏，彼此信任，是最幸福的。

专家提示：

在你这个年纪，每个人都会想："会有人喜欢我吗？"如果你还从来没体验过恋爱，这个问题就更容易困扰你。但请放心，当你内心足够成熟的时候，"爱"自然就会来找你。现在，你可能还没有遇到那个你愿意与其分享私密情感的人，没关系，让时间带来答案，让一切顺其自然吧。

希尔薇·孔帕尼奥
心理学家，
图卢兹父母学校校长

难题急救

我喜欢上了一个比我大的男孩

你们之间相差几岁？你很想知道他对你有没有兴趣？当然有这个可能性。喜欢一个人时，年龄差不是大问题！

但要先看看你们之间的年龄差距多大。如果是成年人，5—10 岁的差别没什么大不了，但你的情况就有点不一样了。你正站在青春期的门槛上，而那个男生可能早就过了青春期，相处久了，你们会发现大家关心的话题很不一样。

如果你心动的对象是夏令营的教练或者是你的老师，那我得说声抱歉，你们之间的关系是完全不对等的，虽然你觉得自己已经长大了，但相较于他们，你依然是个未成年人。如果有老师、教练或其他成年人提出要与你恋爱，请务必严词拒绝，并及时告诉父母。如果你发现自己因为崇拜或孤单而喜欢上了自己的老师，这种情感很可能是来自生活里其他关系中的受挫，也试着跟你信任的处于中立位置的大人聊聊。

专家提示：

你喜欢一个比你大的男孩，可能是因为他比你同龄人更成熟稳重。这很正常，因为女孩通常比男孩早熟一点。

希尔薇·孔帕尼奥
心理学家，
图卢兹父母学校校长

@纳依玛

这取决于年龄差距：一两岁问题不大，男孩总是比女孩成熟得晚一些嘛。如果他比你大很多，我就不太看好了。

他不喜欢我了

不论多大年纪，失恋的痛苦都一样尖锐。那些心动的日子里，你就像一朵盛开的花，美丽又智慧。然而现在，你觉得自己在慢慢枯萎，失去所有活力。事实上，你依然鲜活如初，甚至更胜从前，因为恋爱让你学到了很多东西，变得更加丰富，对自己的了解也更加完整深入。为什么会失恋呢？原因往往不是单一的。毕竟，你还在摸索着如何去爱。也许你们脚步太快，你对男友了解不够，也许是你不停成长，他却停滞不前。

你可能觉得这份痛苦会永远持续下去，永不停息，然而这只是一个时间问题。平复需要多久呢？或许几天，或许更久，取决于这份情感对你来说有多重要。

哪怕现在你不愿意相信，但爱的能力永远不会消失……只需要耐心等待下一次邂逅。为了减轻失恋的痛苦，千万不要总一个人待着，强迫自己去见见朋友，多参加一些活动。渐渐地，你会再次感受到幸福和快乐，遇到新的喜欢的人。

@玛侬

一见钟情的对象当然让人难以忘怀！但随着时间的推移，这也会过去，会有新的人出现。

@露西

我经常失恋，可能是我比较感性！有时候我会喜欢上一个刚认识的人！

@玛丽

把注意力放在学习和朋友身上，你就会少想他了。

学校没问题!

不管喜不喜欢,你都要上学!赶紧来学习我为你准备的学霸技巧吧,它们会让你在校园生活中一帆风顺。我会教你如何提高记忆力,变成时间管理高手,搞定作业手到擒来,应对考试轻松拿高分,还会教你如何与老师搞好关系!

知识贴士

10 招教你成为超级学霸	126
我父母只关注成绩	128
一上学我就生病	129
关于中学的真相	130
欢迎进入初中世界！	132
班代表的身份证	136
班代表的备忘录	137
亮出你的王牌	142
让暴力停止的 8 个行动	154

为你支招

开学，不用怕！	125
让自己更有条理的 6 个窍门	140
5 个技巧帮你提高外语成绩	144
16 个超级有效的学习方法	146
5 招击退嘲笑者	151

趣味测试

准备好迎接新学期了吗？	124
你的学习方法是什么？	138
你是哪一种记忆类型？	145
你如何应对嘲笑？	150

难题急救

灾难啊，我留级了！	134
我发言的时候会紧张！	135
我的老师讨厌我！	148
我的老师太宠我！	149
班上同学都叫我"书呆子"	152
我害怕校园暴力！	153

趣味测试

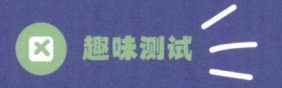

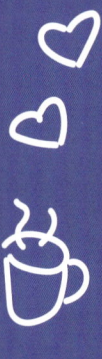

准备好迎接新学期了吗？

假期快结束了。你准备好重新回到学校了吗？

1 你的暑假作业：
- 做了一点，目的是保持水平。
- 做了很多，足足写了 3 大本！
- 一点没做，但学会了自由泳。

2 重返课堂，这让你……
- 感到兴奋：在家待得有点无聊了。
- 感到沮丧：暑假过得太快了！
- 无所谓：反正总要回去的。

3 返校之前，你打算买：
- 新书包和新衣服。
- 一大堆学习用品。
- 什么也不想买，坐等老师发来清单！

4 开学第一天，你希望……
- 在床上躺平！
- 见到所有老朋友。
- 分到你最喜欢的老师的班级里。

5 现在，你正在考虑：
- 享受最后的美好时光。
- 即将开始的新学年。
- 下一次假期怎么过。

计算你的得分：

😆 = 0 分　👻 = 1 分　💗 = 2 分

0—3 分：唉……还没准备好！

要是假期永不结束该多好啊！开学对你来说是如此痛苦，你宁愿不去想它。对于新学年，你大脑是一片空白。返校前还是好好想想该准备哪些东西吧，要不然会手忙脚乱！

4—7 分：勉强准备好了……

开学并不会让你感到兴奋！不过既然不得不回，你也努力想想学校美好的一面，简单准备一下，以免临时抱佛脚。既然没得选，就尽力做点什么，是不是？

8—10 分：准备就绪！

假期结束就结束吧！你已经休息够了，迫不及待想回到教室见见老师和同学。做事有条理的你已经安排好了一切，该买的东西也都买齐了，以确保新学年能过得顺利。恭喜你！

开学，不用怕！

多点准备，一切顺利，下面是指南！

距离开学还有 15 天：平心静气

哪怕你已经 2 个月没有上课了，也不会把所有功课都忘了。况且开学后的前几天你们肯定要做复习。所以放心吧，也没必要提前把下一年的都学完，假期不是用来做这些的。如果你愿意，可以在开学前两周读一下上学期的课文。

距离开学还有 7 天：回归日常

这个夏天，你终于和闹钟成了好朋友，可以肆无忌惮地晚睡晚起。这没问题，毕竟是在放假！但是，如果一直保持到开学第一天就很可能把家里搞得鸡飞狗跳！为了避免开学当天起不来，你可以每天稍微把闹钟往前调一点：比如开学前第 7 天 9 点，第 6 天 8:30，直至调整到你上学时的起床时间。也要按时睡觉，晚上 10 点前上床。

距离开学还有 4 天：来点仪式

安排一个"快乐开学"怎么样？可以约妈妈一起逛街，挑选开学穿的衣服，或者跟父母一起拍一张有趣的照片，放在你的书桌上。

距离开学还有 3 天：朋友聚聚

找个下午一起聚聚，交换一下暑假都是怎么度过的，互相鼓鼓劲。人多不害怕！要不要开学第一天约着一起去上学呢？

知识贴士

10招教你成为超级学霸

第 1 招：早餐别跳过

学习一整天需要很多能量，而能量主要从食物里获得。如果实在没胃口，起床后先来杯水或果汁，再带点小零食（如奶香面包，新鲜水果或果泥都行）备着，精神不济的时候可以先垫一点。

第 2 招：提前做准备

这样第二天早上就不会手忙脚乱了，前一晚就把要用到的笔记本和书塞进书包，把要穿的衣服搭在椅子上。

第 3 招：及时写作业

拖到最后你只会把自己弄成热锅上的蚂蚁！早点开始，有条不紊，防止最后捶胸顿足也做不完。专家建议，小学生写作业的时间不要超过半小时，初中生每晚一小时左右。

第 4 招：功课当天复习

温故而知新，巩固当天所学知识，第二天的学习也会轻松些。

第 5 招：多在课堂上提问

所有老师都这么说：最重要的是课堂时间。所以要大胆提问！等到你一个人在家面对作业的时候，就没人能帮你答疑解惑了。回答学生的问题也是老师工作的一部分！

第 6 招：记得透透气

休息是学习的一部分！读课外书、玩游戏、做运动，哪怕一个人待着什么都不做都能让你放松一下。开始写作业前，可以

知识贴士

第 9 招：先复习再写作业

大白话，好像人人都知道，但实际操作中却经常弄反！这样怎么能做好功课呢？要有逻辑。

第 10 招：保持作业整洁

如果你的作业污渍斑斑，字迹潦草，老师肯定不喜欢！写作业的时候要全神贯注、工整认真，这代表了你的态度。这样即使有少数拼写错误，老师也会更宽容些。

拿出半个小时娱乐：和家人玩会儿桌游，在小区里打场羽毛球，看一集（只一集哦！）你最喜欢的剧也行。

第 7 招：睡个好觉

睡眠质量特别重要，在睡梦中，大脑会自动整理你白天学到的知识。

第 8 招：重视第一印象

第一印象很牢固，常常是在别人刚认识你的前几天建立的。所以避免过激的行为或穿奇装异服，否则别人会给你贴上与你真实个性不符的标签，撕掉这个标签并不容易。

知识贴士

我父母只关注成绩

因为他们担心你的未来,理解一下他们吧。手机上电视上,现在到处都在谈论失业率。难道你从来没为自己的将来担心过吗?换位思考一下,如果你也有小孩,肯定希望他日后能够有一份自己喜欢且收入稳定的工作。

你父母也一样!他们认为成绩好了,成功的机会也更多。

你可能认为这些都是很遥远的事,更希望他们关心一下你的内心世界,而不仅仅是学业成绩!你跟他们聊过自己的想法吗?

专家提示:

学习成绩对你的父母来说非常重要,你考好了跟他们自己考好了没什么两样!成绩之外的事情,他们一般就没那么关心了。

下次一起吃完饭的时候可以试试这样,一家人轮流讲述一天中最有趣或最糟糕的时刻。你会更了解父母的工作情况,父母也能知道你学习之外的烦恼和快乐!

希尔薇·孔帕尼奥
心理学家,
图卢兹父母学校校长

@萨拉,10岁

那就把分数考好点,这样父母就会让你耳根清净的。

@米拉,9岁

让他们别再给你施加压力了!要不然你考前会更紧张,考好才怪。

@玛丽,12岁

父母关心你的成绩是他们的天性,他们只是希望你能进步。而我父母却从来不管我,我反而有点慌!

一上学我就生病

每次考前都这样？是不是有点蹊跷？这是有原因的，生病是你身体应对压力的方式，可惜不能解决真正的问题，学着直面让你焦虑的事，比如考试。认真复习了吗？如果答案是肯定的，那就放轻松，会一切顺利的。

如果肚子疼，睡不好的情况时常反复，那可能有其他原因：你和某个老师有矛盾？有同学欺负你？好好回忆一下，把答案写在纸上，会感觉好一些。

也不要独自一人承受所有烦恼，可以跟朋友、父母或者学校里你信得过的老师谈谈，他们知道如何帮助你。

专家提示：

孩子并不总能准确地用语言表达自己的感受，所以有时候身体会代替你发言！肚子疼或头疼，是在向你的父母发出呼声：认真倾听我吧！关心一下我吧！请抱抱我！这是你用自己的方式跟父母沟通。如果你的焦虑感非常强烈，和父母交流也没多大效果，那最好找心理咨询师聊一聊。

希尔薇·孔帕尼奥
心理学家，
图卢兹父母学校校长

知识贴士

关于中学的真相

终结假消息，下面才是真实的初中生活。

高年级学生会骚扰你（假）

他们没多少闲工夫管你！一些学校会在开学时让高年级学生带新生参观校园。当然，总会有些笨蛋叫你"矮冬瓜"，拿你开玩笑。对付这些幼稚鬼，最好的办法是"无视"。如果有人持续地欺凌你，请一定要告诉父母和老师。

很容易在校园里迷路（真）

至少刚开始是这样。你大概需要一个星期才能在迷宫般的走廊和建筑之间找到方向。很正常，校园变大了。你们会有固定的教室，但有些课（物理实验，音乐课等）可能需要换教室。

@埃斯特尔，11岁

你担心和老同学失去联系吗？所有初中新生都有这个担心！你肯定能在新学校见到某个老同学的……

老师都更加严厉（假）

不管小学还是初中，老师都有温柔的和严厉的。最大的变化是课程丰富了，授课老师也更多了，挑战会更大一些。但也有好处，如果有老师你不喜欢，也不用一天到晚面对他了！

@劳拉，11岁

早在五年级的时候，我就参观过附近的中学，还提了很多问题。所以正式开学那天，一切都很顺利。

知识贴士

@苏珊娜，12岁半

学校走廊里有用数字和字母标识的导航系统，它可以帮助你找到方向。

@克莱尔，12岁

大部分的中学会让初一新生错峰入学，以便有更多时间适应新环境。

@科里纳，12岁

跟着高年级的学生，或者找个同学一起走，你就不会迷路！

内容会更难（假）

很多知识是你小学已经接触过的，在初中阶段会进一步深化！你有更多时间来适应新环境和新的学习方式。

作业会更多（真）

会多一些，但会分布在一周 7 天内完成。你要学会自己安排时间，以免被作业压垮。放心，学校会安排课业指导时间，教你如何按质按量完成作业。不要奇怪为什么老师没有提醒你要复习，他们默认你们经过小学阶段的学习，早就养成了好习惯。

@蕾拉，12岁

提前到你们学校的网站上看看，能找到相关信息或平面图。

@阿芒丁，12岁

在进入中学之前，我的姐姐推荐我读苏西·摩根斯特恩的《初一新生》。我非常喜欢！作者很幽默，书也很好读，如实地描述了中学生活。我只后悔怎么没早点读到这本书！

> 知识贴士

欢迎进入初中世界！

在这个新世界里你会遇见哪些人呢？翻翻下面的相册吧！

校长

顾名思义，她是一校之长，负责领导学校。你不会经常见到她，除非你是班长或者有重大问题要汇报。通常，会有一到两名副校长辅助她的工作。

教导主任

如果你迟到或请假了，教导主任也会关注。她的职责是确保学生的人身安全和纪律遵守，也很乐意倾听学生的建议和意见。不管是你想创办一个社团还是在走廊里迷路了，都可以向她求助。她的工作通常由几位学监或学生干部来协助。

班主任

你会一下子认出他来，因为他会在开学时迎新！他也会给你们上课，也经常和其他科的老师一起讨论班级的情况，对自己班的学生了如指掌。

辅导员（心理咨询师）

如果你对未来的学校选择或如何调节心情感到困惑，可以预约职业指导心理咨询师！他主要服务毕业班的学生，但是心理问题没有年龄限制。他一般具有心理学背景，会综合考虑学生的个性特点和兴趣爱好，以给予最合适的建议。

知识贴士

信息中心管理员

你绝对不会后悔认识她!她管理的图书资料中心是一个知识宝库。在那里,你既能找到做报告所需的各种信息,还能找到一些小说和漫画书来放松心情。

学校护士

受伤了?心情很低落?出现了健康问题?都可以去学校的护士室寻求帮助。但是要注意,并不是所有学校都有护士室。

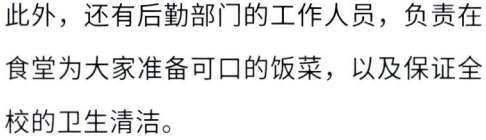

此外,还有后勤部门的工作人员,负责在食堂为大家准备可口的饭菜,以及保证全校的卫生清洁。

中学字典

个性化辅导: 法国在 2016 年推出的项目,以帮助学生改善学习表现,无论是在课堂知识上,还是在学习方法上,都可以得到提高。一定要好好利用它!

学生事务办公室: 无论你是要报告缺勤还是迟到,都需要去这里。

班会: 已列入课程表,你可以在班会上与班主任讨论你遇到的问题等。

通讯簿: 也叫联络簿,这是记录你迟到、缺课情况和内部规定的小本子,也是学校和你父母沟通信息的方式。

数字化学习平台: 这个网站很快就会成为你的好帮手!在这里,你可以找到学校的信息、所留作业、成绩……也可以和老师们进行交流。

自习室: 在一天课程的空档期,可以来这里,提前完成作业,发呆或阅读,任你选。

难题急救

灾难啊，我留级了！

你肯定对自己很失望，甚至感到耻辱和罪恶。快停止这些消极的想法！留级并不意味着你比别人笨，而是这一年一切都发生得太快，你暂时没跟上而已。也许你没有做好充分准备，把时间主要花在了玩耍而不是学习上。复读一年可以帮你找到自己的节奏，取得好成绩，为将来打下更加坚实的基础。

升到高年级，学习强度会更大，也会遇到更多困难。这时候，多复习巩固一年比直接升入高年级更有利于你的成长。不少人都有留级经历，但这丝毫不影响你会在未来的生活中取得成功！

专家提示：

留级不是惩罚，而是给你一次机会。这不是草率的决定，老师们经过深思熟虑，觉得这样做对你最有利。为确保复读一年取得好成绩，一定要让老师告诉你过去一年的问题出在哪里。

尚塔尔·阿贝尔
荣誉教师

@卡米耶，12岁

我初一也留级了，开学那天，我痛哭了一场，因为身边全是比我小的同学，但后来我交到了新朋友，也经常能碰到老同学。我明白自己过去一年太马虎了，现在已经找到了适合自己的学习方法，进步得很快！

我发言的时候会紧张！

紧张是好事！这是人体的一种自我保护。面对令人害怕的场景（比如在全班同学面前发言、考试或者有汽车向你冲来时），大脑会指挥你的身体释放肾上腺素，这种化学物质能提供帮你克服困难的必要能量。

你的视力会更敏锐、心跳会加快、躯体做好了迎接挑战的准备，这种反应很像报警的铃声。身体感知到危险，然后调动一切力量让你转危为安，这难道不是好事吗？

不过，如果紧张一直持续，就会出现问题，身体会非常疲惫，整个人会僵住。你需要学习如何与压力共处，而最好的抗压武器就是调整呼吸。压力太大时，深吸一口气。哇！是不是感觉好多了。

@夏洛特，10岁

我会试着不看其他同学，把目光锁定在老师那个方向的某一点上。

@索尼娅，12岁

想象你正一个人待在房间，告诉自己这不过是在完成一次戏剧表演的彩排。

@玛丽，12岁

面对一群老师的时候我最容易紧张，我会把他们想象成家里那些有点古板严厉但对我都特别好的亲戚。

☆ 你知道吗？ ☆

每个人的抗压能力是不一样的，有些事情会让你的朋友紧张得大气都不敢出，但你却能镇定自若。

知识贴士

班代表的身份证

班代表是谁？

他是在小学或中学由全班学生选出来的代表，竞选以无记名投票的方式进行。最终选出四名代表：两名正式代表和两名候补代表（在正式代表缺席时接替其职责）。

他扮演什么样的角色？

在中学里，班代表要参加很多重要会议，比如对每个学生的行为和成绩进行评定的班级理事会。他可以像其他与会成员（老师、校长、教导主任等）一样发表意见，之后向全班同学汇报会议内容。

要成为一名代表，你需要学会与教师进行交流，不冲动，认真听讲，并在争吵时保持冷静！要当选，展示你的积极性，并证明别人可以信任你，而不用担心你会将事情张扬出去。

@玛戈，11岁半

> 要成为代表，你需要知道如何与老师交谈而不冒犯他们，要认真细心，并在辩论时保持冷静！想要被选上，就要说清楚你参选的动机并证明你很靠谱且值得信任，不会乱说话。

@克蕾莉雅，12岁

> 成为代表真的很棒！可以参加班级理事会：老师们会说很多他们在课堂上永远不会说的事情。我参选是因为我喜欢为他人辩护并承担责任。

班代表的备忘录

4 步赢得竞选

1. 不要承诺自己做不到的事情。

2. 认真准备竞选演讲，解释为什么你希望自己被选上，要说实话。

3. 保持开放：积极广泛地跟同学沟通，用心倾听他们的需求。

4. 尊重其他竞选人：不要散布谣言，不要贬低竞争对手。这么做不仅很不地道，也会导致你失去大家的信任。

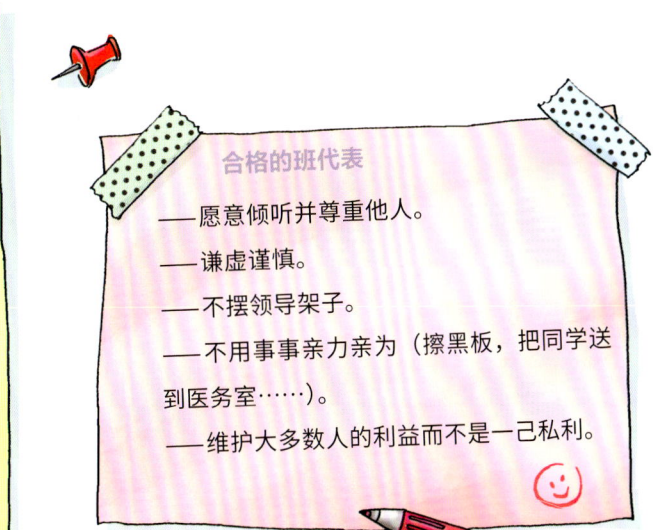

合格的班代表

——愿意倾听并尊重他人。
——谦虚谨慎。
——不摆领导架子。
——不用事事亲力亲为（擦黑板，把同学送到医务室……）。
——维护大多数人的利益而不是一己私利。

一些权利和义务：

班代表和其他学生拥有同样的权利和义务，当然还有一些特殊的权利，包括：

——接受培训的权利，一旦当选，学校会对你进行相关培训，以使你能胜任自己的岗位。

——召开会议的权利，你可以召集全班同学开会，不必有老师参加。地点可以提前跟老师和学校预定。

趣味测试

你的学习方法是什么？

你已经非常努力，可成绩还是上不去，到底哪里出了问题呢？

1 描述一下你的书桌：
- 书桌？干什么用的？又不是靠着书桌就能拿到高分！
- 嗯……你就没好好整理过它……
- 墙上贴着日程表，笔放在笔筒里，书就在手旁。你准备好学习了！

2 到写作业的时间了：
- 你先做了数学作业，好难，放弃了，又开始看历史。
- 你看了一下日程安排，列出了最先要做好的作业。
- 磨磨蹭蹭，还可以看一小会儿电视呢。

3 马上要英语考试了：
- 复习有什么用，反正什么都不懂。
- 没问题，课文复习好几遍了，练习也做了几张。
- 考试前一天突击一下。

4 你要在全班同学面前背一首诗：
- 长叹一口气，你有气无力地背了起来。
- 背不出来，你忘了这个作业。
- 你红着脸，嘟嘟囔囔，背得不好！

5 可恶，分数太低了吧！
- 不奇怪，你紧张得把学到的全都给忘了。
- 你怀疑自己，觉得自己一无是处。
- 正常啊，因为你没花时间复习。

趣味测试

最多 👻：缺少动力

你找不到努力学习的理由，每次上课都是赶鸭子上架，基本上都听不懂。学这些有什么用？学习好不好靠的是命，有人天生擅长学习，有人怎么学也学不好——这就是你对待学习的态度。

天呐！你怎么会觉得自己一无是处呢？振作起来！你可以学得更好的。赶快翻到第142页，好好认识一下自己的长处。记住：学习是为了自己，不是为了父母或老师。

最多 ♡：缺乏条理

你很想学好，可总是办不到。你有太多的事情要做了！你喜欢同时处理好几件事情，但最后什么也没做成，很快就筋疲力尽。你脑子里一团乱麻，怎么才能理清呢？赶快翻到第140页，那里有让自己变得有条理的6个窍门。

最多 😛：情绪不稳

你是在家认真搞学习的作业达人，但一到学校被老师提问就会发慌，头脑空白、支支吾吾、磕磕绊绊。你的优点是严肃认真、一丝不苟，但还要多一点自信。

参看一下第135页的窍门，学习如何缓解紧张情绪。也可以尝试一下第146页提到的方法，学习提高学习效率。总之，你一定会找到适合自己的学习方法。

> 为你支招

让自己更有条理的6个窍门

这是成功的秘诀！看看该怎样做吧。

1. 找一个适合学习的地方

你在那里的学习效率更高，感觉更好。大部分人在安静的环境中更容易集中精力，但也有例外。有的人喜欢在餐桌上写作业，听着父母叮叮咣咣做饭的声音反而更有效率。有的人则喜欢边听音乐边学习，也一定有最适合你的环境。如果你写作业的时候感觉不舒服，那就赶快换地方，多尝试几次。

@艾洛迪，12岁

> 我从去年开始制订时间计划表，记下了每天要带的东西。这样做非常有用，可以避免忘记带作业本或课本。

2. 制订日程表

有了时间计划表，你一下子就可以找出空闲时间来写作业了。你还可以记下你的课程安排和课外文体活动等。把它贴在墙上，就可以每天都看到了。

3. 列出需要优先完成的作业清单

作业要按部就班地完成，不要半途而废！一旦开始了某件事，就坚持下去！否则，会发现最后什么都做不好。先处理最紧急的事情。明天有一场数学考试？那就先复习这门。完成后，就可以在时间安排表上画掉它！

4. 合理分配做作业的时间

在一门课上花费太长时间是没有意义的，过一段时间就什么都忘了。试着评估一下你学完一门课或者做一张卷子所需的时间，确定一周之内哪几天任务最重，这样可以帮助你合理分配一周的学习时间。

5. 确定效率最高的时段

每个人一天当中的高效时段不一样，就像睡眠时间有多有少。找出你效率最高的时段：早晨？晚上？运动之后？然后根据这个时段安排你的学习：把最难最消耗精力的作业放到这个时段来做。

6. 提前准备好学习用品

就像木匠离不开凿子，画家离不开画笔，作为学生的你手头要准备好字典、地图、作业本、课本、钢笔、铅笔、荧光笔等。

@克洛伊，11岁

我很粗心，所以我把课本和作业本按照课程的不同标成了不一样的颜色，比如当第二天有历史课的时候，我就把房间里所有红色（历史课）的书本都放到书包里。

知识贴士

亮出你的王牌

找出你的优势和弱点。

哪怕你并不擅长在考试中取得高分，你也一定拥有很多长处。这个世界并不是一分为二，一半叫成功者，一半叫失败者。所以，你要学会发现自己的优势和弱点，只有这样，你才能找到独属于自己的位置。

第1步：每月做一次总结

仔细研究下成绩单或者综合能力考查表，列出你擅长的科目和有困难的科目。到了中学，要认真理解老师专门写给你的学习建议，这样你才能知道接下来应该往哪里使劲儿。之后给自己确定一下学习目标，但不要指望"一口吃成个大胖子"，立志让某门课提高30分，但在开始能提高5—10分已经挺不错了。最后，还要想一想，如何能将自己较弱的科目做得更好？多花点时间？找个学习好的朋友一起学？让父母辅导你一下？都行。

第2步：复盘错误原因

谁都有考砸的时候，考砸几次不代表你一无是处，一门考试的低分并不能否定你的学习能力，也别动不动说自己是个"笨蛋"，一次成绩只能评价某段时间内你对于某些知识的掌握程度。关键在于考完之后必须复盘没考好的原因，以避免今后再犯同样的错误。所以要问自己，我是怎么考砸的？当时答题的具体步骤是什么？你是怎么准备考试的？只是简单读了一下课文？你做过哪些类型的练习？答卷过程中，你是不是认真审题之后才动笔的？你能否理解所有问题，并完整地给出答案？

有没有题目是你之前做对但这次却做错了的？做完卷子之后，你有没有给自己预留检查的时间？你能明白老师给你的评语吗？你有跟老师一起讨论错题的原因吗？在不断追问求索的过程中，你会更快进步。

第 3 步：提高积极性

为什么感兴趣的科目成绩就更容易学好？因为学习自己喜欢的东西积极性会更高。即使任课老师不能引起你对这门课的兴趣，也不要轻易放弃，尝试一些别的方法建立你和这门课的联系。比如你不喜欢历史课，那么你可以多读些畅销历史小说或者和同学们玩些甲骨文游戏。

哪怕一门课考砸了，试卷上也总会有做对的题目！所以当你学习一门功课时，可以不断回顾自己做对的地方，回想老师对你的积极评价，会让你更有动力往前探索！

5个技巧帮你提高外语成绩

1. 多读原版书

不用逼着自己立即把哈利·波特原版全集都读完！可以先从图书馆借一些简单的英文绘本，词汇简单，很快就能读完一本，你会很有成就感的！进步一些之后，就可以读一些更难的文字、量更大的英文书了，也可以读一些专门给英文学习者的杂志。

2. 翻译你最爱的英文歌曲

翻译你最喜欢的英文歌，能学到不少新词汇和新表达，而且还能让口音变得更地道。

3. 找一个英文语伴

她用英文跟你说话，你用你的母语回答她。这样，两个人的外语就都能进步了！有些学校有交换项目，从交换生里找语伴会比较容易些，也可以通过其他可信的渠道。

4. 选择原版原声影视剧看

你喜欢看美剧英剧？很好，看原版吧！可以先带字幕看一遍帮你理解大概剧情。之后就去掉字幕，刚开始你可能几乎什么都听不懂，但是随着时间的推移，你会理解故事的主要内容。这是一场胜利！你也可以选择在某些电影院看原版的电影或动画片（总是有字幕）。

5. 和朋友们玩字母游戏

随机选择一个字母，确定一个类别（物品、水果、职业……）：看看谁能用这个字母拼出最多那个类别的单词？

趣味测试

你是哪一种记忆类型？

人类有多种感官可以捕捉信息，但最主要的两种是视觉和听觉。你是靠什么记住信息的呢？快来做做下面这个测试吧！

1 一次测验，你卡在一道题上了。你尝试回想……
- 👻 你笔记本上的内容。
- 😋 老师在课堂上的讲解。

2 你记住课文内容的技巧：
- 😋 跟父母复述。
- 👻 反复阅读并标记重点。

3 你能从……认出一个只见过一次的女孩。
- 👻 她的面部细节。
- 😋 她的声音。

4 你清晰记得童年时：
- 😋 妈妈唱的摇篮曲。
- 👻 你爱翻阅的绘本。

5 一首歌听起来很熟悉，是因为：
- 👻 你看过它的MTV（和歌手的脸）。
- 😋 你在电台听过两三次。

6 在餐厅里点菜时，你会要求服务员：
- 😋 报下菜名。
- 👻 给你菜单。

最多 👻：
你是视觉记忆型

你的记忆有点像相机：你看过的文字或图画会立即"印在"你的大脑中。所以，当你试图回忆某件事时，脑子里通常会出现一个图像。好样的，敏锐的眼睛小姐！

最多 😋：
你是听觉记忆型

你的记忆优势是双耳！不需要特别努力，你能轻松地记住单词、声音或旋律。对你来说，回忆口头解释比回忆黑板上的图表更容易。换句话说，你能清楚地接收声音信息。

为你支招

16个超级有效的学习方法

你不知道要怎么学？试试朋友们的方法吧！

★ 我喜欢在卧室里一边走一边高声背诵课文。

诺米，9岁

★ 我跟朋友一起学，每个人都要把今天学到的解释给对方听，还相互提问。越学越有兴趣！

小玉，13岁

★ 把诗歌唱出来我更容易记住。

玛依瓦，8岁

★ 我先把重点用彩色记号笔标出来，这样复习的时候就直奔核心了。

科拉莉，11岁

★ 我会提前设想老师在上课时会问哪些问题，然后让爸爸先在家考我。

吉汉娜，10岁半

★ 如果有可能，我就把学习内容画出来，这样更直观更好记。

朱斯蒂娜，9岁

★ 我把家里的毛绒玩具在床上排成一列扮演学生，我给它们当老师。

玛侬，8岁

★ 我会在头脑里想象自己变成老师给大家讲解这门课，有时还会想象面前有个小妹妹，我用最简单易懂的语言把新学的内容讲给她听。

卡米耶，9岁

★ 我会先复习几遍今天所学的内容，这样，我能理解得更深。之后，我再分段落精读。

劳拉，10岁半

为你支招

★ 为了提高我的语法和拼写水平，妈妈会从课文里摘取一些段落，抄写下来，但会故意犯一些错误，让我把错误给挑出来。

努哈，11岁

★ 学习英语，我把新单词写在纸片上贴在家里的各个地方：卧室墙上、冰箱门上、厕所里。只要是我们家有的东西，我就把它的英文名字贴在上面。

法妮，11岁半

★ 学习历史时，我把自己想象成那个年代的记者进行采访并且录音，之后反复听录音。

艾斯特尔，12岁

★ 如果课文不是太长而且需要背下来，我会先抄写两三遍，然后试着默写出来。

奥莉娅娜，9岁

★ 做功课前，我会先回想老师在课堂上的讲解，然后写在一张纸上。这样我一下子就知道该掌握什么了。

艾丽莎，8岁

★ 我试着找出关键词帮助我理解文章是如何组织的，这样更容易记忆。理清文章的条理以后就像是用线把一串珠子穿了起来，只要提起主线，其他内容也就都掌握了。

迪娜，13岁

★ 我会做卡片来总结每堂课学到的内容。

桑德拉，12岁

专家提示：

学之前要想明白为什么而学，要不然很难真的学会学好。当你明确了自己的目标之后（比如下次考试得到高分），接下来会容易很多，就可以开始思考实现目标的方法是什么。每个人都有自己最适合的学习方法，你不用强求自己跟别人一样。甚至，每一门课你也可以有不同的方法。找到最适合自己的方法，可以复盘一下之前你是如何做对练习题的，为什么有些课程你更容易记住。当时你是怎么记的。现在，轮到你来大显身手了！

尚塔尔·阿贝尔
荣誉教师

难题急救

我的老师讨厌我！

你百分百确定吗？再观察观察他的表现：他是只对你这样吗？也许他现在心情就是有点儿火暴，对所有人都如此呢。你要知道，老师也是普通人，也有自己的烦恼！

如果你的学习表现一直都不错，老师没理由对你有什么偏见。他跟你一样，有自己喜欢的人和不太喜欢的人，关键是他能不能公正对待每个学生。

你问过你的朋友了吗？他们也觉得这位老师总是针对你？是的话，那就得想想办法了。去找老师聊聊，或者请班代表帮忙调解一下。如果情况还是没改善，那就跟你爸妈说明一下情况。但记住，不管怎么样，不要因此而放弃这门课的学习，那只会让老师觉得自己有理由不喜欢你。

但是，如果你在他的课上总调皮捣蛋，他对你有意见也不奇怪。改变一下行为，对你们两个都有好处。

专家提示：

即使很难，但也要跟他面对面谈一谈。老师会欣赏主动沟通的学生，哪怕他没有直说。选择一个合适的时机，比如课后或者他在课间休息的时候。不要指责，从"我感觉自己好像哪里没有做好"开启话题。

米歇尔·巴尔贝
资深教师

@卡洛琳，10岁

即便他真的不喜欢你也不代表你很差，只能说明你们俩不合拍，不要否定自己。

@埃斯特尔，13岁

有时候，老师这么表现只是为了教训一下调皮的学生而已。

我的老师太宠我！

哎呀！其他同学是不是对你就没这么温柔了，大家会有点嫉妒你，正常正常。被偏爱的人容易激怒那些没享受到爱的人。但这样的偏爱并不是你刻意求来的，你没必要故意做让老师讨厌的事以求得同学的接纳。你表现好，老师欣赏你，这有什么错？

也许你让他想起了他年轻时的样子，或者他感觉到你在课上特别认真，他的付出得到了尊重。老师也是人，也希望得到学生的喜爱！

有人说难听的话就随他们说吧，这是最有效的应对办法，不用火上浇油。

注意，如果一位老师过分偏袒你，比如上课只找你回答问题，那的确不合适。可以去找他谈谈，一定要先告诉他，他的欣赏让你感到荣幸，但总被表扬，总被叫起来回答问题，也会让你倍感压力。老师肯定会理解你的。

@艾米丽，9岁

我也遇到过这种情况，跟老师说了之后，问题就解决了。

@奥里亚纳，11岁

去找老师聊聊吧，既然他欣赏你，肯定愿意理解你的，记得不要当着很多人的面聊就好。

@法图玛，10岁

既然这些家伙这么烦人，可以问问嘲笑你的人，如果被老师宠爱的是他，他会怎么做。

你如何应对嘲笑？

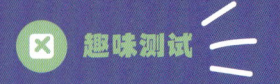

有人嘲笑你时，你会用什么态度来回应？做做下面的测试吧。

1 有女生给你取了个尖酸的绰号：
- 💗 想哭。
- 😄 置之不理。
- 👻 吼她。
- ⭐ 给她取个更难听的绰号。

2 你经过一个男生身边，他突然放声大笑：
- ⭐ 你也对他放声大笑。
- 👻 回头狠狠瞪他一眼。
- 😄 耸耸肩。
- 💗 赶紧走开。

3 一个同学嘲笑你的新发型：
- 👻 扑上去扯他的头发。
- 😄 不跟他一般见识。
- 💗 觉得他没救了。
- ⭐ 冲他喊："没照照你自己的鸡窝头啊？"

4 莱阿对你说话总是很刻薄，你会：
- ⭐ 以牙还牙，也对她刻薄！
- 👻 跟她大吵一架。
- 💗 像躲瘟神一样躲着她。
- 😄 当作没听见。

5 如果同学们把你看作胆小鬼：
- 💗 很受伤。
- ⭐ 冲他们学小鸡叫，让他们自觉无趣。
- 😄 觉得他们说得对。
- 👻 火冒三丈。

最多 👻：咄咄逼人

如果有人挑衅，你就会立马反击，但结果只会让那些挑衅的人变本加厉。不要落入他们的圈套，要保持冷静。虽然做到这一点不容易，但只有这样才能让他们停止。

最多 😄：听之任之

难听的话到你这里仿佛会瞬间蒸发，对你没什么影响。这是你太纵容，还是一种自我保护呢？即使这种方法有效，听到太伤人的话还是要敢于说"不"。

最多 💗：容易受伤

讥讽和嘲笑让你很痛苦。而你不仅没有反击，反而在内心深处认同了他们。不能这样！要反击而不是独自难过！

最多 ⭐：机敏伶俐

嘲笑你的人正在"搬起石头砸自己的脚"：因为你不仅没受伤，还还了回去，让对手自取其辱。干得不错！

5招击退嘲笑者

有同学嘲笑你吗？别再任人欺凌了：拿出你的盾牌吧！

幽默

欣然加入他们的恶作剧，让嘲笑者跳进自己设下的陷阱！举个例子，如果有人叫你"芦笋"，你可以回击："哎呀！你是不是没注意到我还有脚臭！想闻闻吗？"另一个例子，有人说"你很傻"！你回答："谁像你那么机灵啊，嘲笑别人的人都是小机灵鬼呢……"

置之不理

保持冷静虽然不能防止伤害，但这的确是一种有效的应对方法。那些嘲笑你的人想要的是什么？是你情绪失控，恼羞成怒。不要让他们得逞，他们一旦达到目的，就会变本加厉。当他们用愚蠢的绰号称呼你时，不作声，保持冷静，或者平静地来一句："继续啊。"

出其不意

他们嘲笑你一般都是有原因的，你可以反问他们："为什么要这样说我呢？"

给予警示

没有人是完美的，谁都有可能会被嘲笑的特点。你可以用一种神秘的语气警告那些嘲笑你的人，让他们小心。总有一天，也会有人嘲笑他们的身高、鼻子大小、穿衣方式等等。

勇敢反击

直视嘲笑你的人的眼睛，给出有力的回应，比如，有人跟你说"你穿得像个要饭的"！你可以回答："啊，是吗？我可是跟你学的啊！"即使内心在颤抖，语气也一定要够狠够坚定，这么做肯定有效果。但不要因为他们的挑衅而降低自己的水准，变得和他们一样低俗！

> 难题急救

班上同学都叫我"书呆子"

这其实是另一种形式的欣赏和夸奖，但你和那些给你取外号的人却没意识到。做一个好学生有什么可耻的呢？聪明没有任何害处。班上的尖子生常常不受待见，往往是嫉妒心理作祟。你考了第一名，就意味着其他人都要排在你后面，而学校老师又那么重视名次和分数，当然很容易引起大家的不爽。当然，你也要设身处地地为其他同学想一想，假如一个人总是一副高傲不合群的样子，当然会被看不惯。

人们很容易在这几个词之间画上等号：书呆子＝难相处＝讨厌鬼。你可以利用自己的长处多为别人做点事来改变这样的刻板印象，比如你可以帮助学习上有困难的同学，作为回报，他们可能会教你跳舞或者告诉你些小秘密……

如果你努力了很久也真心在为大家服务，结果还是有人嘲笑你，那就不用太在意了。千万不要为了被集体接纳而故意考不好，这样做，不一定能赢得同学的善意，却会让你从此失去自己。

@苏菲，11岁

我也是，别人叫我书呆子，但自从我用实际行动告诉他们我擅长的不只学习，他们就不再嘲笑我了！

@马利亚姆，10岁

他们也许只是希望你在学习上多帮帮他们。学学我吧，经常邀请学习不大好的同学来家里玩，他们是不会拒绝好意的。

@艾米丽，9岁

我会直接回答"谢了"，就跟有人夸我漂亮一样，这可以堵住他们的嘴！

我害怕校园暴力！

正如我们经常在媒体上看到的，暴力确实存在，令人生畏。它可能采取各种面孔：敲诈、侮辱、攻击，甚至骚扰……根据2020年欧洲校园暴力研究机构的一份报告，有十分之一的青少年在学校受到暴力的困扰。这个数字不容忽视！如果我们选择勇敢面对并公开讨论这个问题，完全有能力降低这个比例。

要知道，你有能力，也有义务去反对暴力。如果你成为暴力的受害者或者目击者，一定要大声疾呼！向你的父母、老师、学校的护士，甚至校长寻求帮助……如有必要，可以去警察局报案。你这样做并不代表你胆小或背叛，而是你正在积极地保护自己和他人。选择保持沉默只会纵容施暴者再次行事，他们必须受到应有的惩罚。暴力行为是违法的。

专家提示：

你被霸凌了？不要觉得羞耻，有错的是霸凌你的人。不要被他的威胁吓到，你有权利生活在安全的环境中，没有人可以将自己的意志强加给别人。

你想要为自己辩护，却没有勇气？你目击了霸凌的过程，内疚当时没有介入？你没有做错什么。有时，在暴力现场做"英雄"会将你们都置于危险之中，特别是当霸凌者人多势众时。

但现在行动也不晚，要揭发这样的行为。告诉身边的大人或向警方报案。不要放任侵犯行为。

希尔薇·孔帕尼奥
心理学家，
图卢兹父母学校校长

知识贴士

让暴力停止的8个行动

是的，无论如何，你都可以采取一些行动，留下一些证据。

说出来

语言也会伤人，如果别人的冷嘲热讽让你受伤，要说出来，不要闷不吭声。如果你看到有同学被攻击，在保证自己安全的前提下提供帮助。

不要落单

如果去有风险的地方，一定要跟同学朋友成群结伴，乘公交的时候，相较于1个女孩单独行动，5个女孩同行，大家被骚扰的可能性会小很多。

请调停人介入

走廊里吵了起来，你觉得自己马上就要爆发了。这时需要请一个人来调解，可以是大人，也可以是中立的同学，能帮助恢复对话，解决问题，避免暴力发生。如果学校里没有专业调解员，可以向老师或学校提出申请，或者就请一个情绪稳定的成年人来帮忙。

展开辩论

别人吵架时你听到了种族主义言论？在班会上，你可以要求讨论宽容、尊重和暴力。辩论可以解决冲突，避免情况恶化。

制定规则

向班代表或者直接向班主任、校长建议把停止暴力写进班规和校规。由学生一起讨论并提议的惩罚措施往往更容易被大家理解，也更公正。

> 调停人来帮忙！

知识贴士

邀请专家讲课

警察、儿童和青少年事务法官、社工等专业人士经常会去学校讲解相关法律，指出敲诈勒索等行为的后果或动员大家一起反对校园暴力。你可以向老师或者班主任提出申请，邀请这些专家来你们学校讲课。

☆ 为什么会存在暴力？☆

> 原因很多很复杂，大多数情况下是因为有人不知道要怎么温和地表达情绪，无法用语言说出内心的感受，或者总觉得自己被人威胁和迫害，因此只能用极端的形式来发泄。所以，就像前文中提到的，有人会通过挖苦尖子生来挽救自己可怜的自尊。有时也跟一个人的家庭环境有关：父母失业、离异或酗酒等。暴力的表现形式是多种多样的，有些还很隐蔽。

发生暴力？被辱骂时、老师的批评让人不悦时、高年级学生以恐吓低年级学生为乐时？这些问题能带给大家很多思考。

在学校组织一个"非暴力日"

你可以在班会时间提出你的这个想法，相信老师会同意的。

展开调查

你可以在同学中展开调查，问题可以包括：你认为什么是暴力？在什么情况下会

家庭星球

出生在哪个家庭，我们无法选择，但家的重要性谁都无法否认。你想知道怎么与爸爸妈妈、兄弟姐妹和谐相处吗？你想知道遭遇父母离婚该怎么办和如何处置零花钱吗？你厌倦了给兄弟姐妹背黑锅吗？来吧，这里有解决办法！

知识贴士

关于父母的 5 个事实	158
父母使用手册	159
有人盯上了你的零花钱！	168
别碰我的身体！	174
父母离婚，接下来该怎么办？	178
渡过父母离婚难关的 7 个方法	181
朋友们经历的父母离婚	182
我真想有个弟弟或妹妹啊！	183
兄弟姐妹之间	184
无论他们比你大还是比你小，都应该说声"谢谢"！	188

为你支招

7 招说服父母	164
赚到零花钱的 9 个线索	167
我害怕一个人参加夏令营	172
我父母不希望我化妆	173
兄弟姐妹和平相处的 7 个窍门	192

趣味测试

你是哪一种类型的父母？	162
你怎么花钱？	166
你长大成人了吗？	171

难题急救

我的家庭和其他人的不一样……	161
我父母总把我当成小宝宝	163
我想要一部手机！	170
我被虐待了	176
父母吵个不停，我担心他们会离婚	177
我妹妹总学我！	186
哥哥总是差使我做这做那！	187
我父母更喜欢我的兄弟姐妹！	190
为什么挨骂的总是我！	191

知识贴士

关于父母的5个事实

他们也有童年

父母常常忘记自己曾经和你一样年幼，也和父母有过矛盾，好在他们也喜欢忆苦思甜回忆童年，偶尔帮他们唤醒一下小时候的记忆，对让他们理解你很有帮助。

他们总把你当小孩

他们总是很难看到你在长大和变化，所以你需要向他们多多展示你新习得的能力。

他们天生就会担心

没错，就是这样！自你出生，父母就一直担心你会遇到危险和麻烦。理解一下他们吧，像小时候他们安抚你一样也多安抚下他们。

他们也有缺点

没有完美的人类，他们也有各种缺点和局限，这才真实，对吧？他们也是普通人，也会犯错、发脾气、撒谎……

他们很在意你的学习成绩

父母嘛，没有不爱孩子的，总希望你有大好的前途，总想为你提供尽可能多的储备，让你有一个成功的未来，所以他们相信学校的重要性。在他们看来，你在学校学到的知识能指导你选择职业以及与人友好相处等。

知识贴士

父母使用手册

我们总结了一些最常见的家长行为，并以此为依据给父母做了一个简单的分类。
了解你的父母属于哪一类，会让你的生活变得更轻松。

☆ **闺密型妈妈**

如何认出她：

很简单，你所有朋友都羡慕你！你和她非常亲密，经常分享"女孩之间的事"：购物、化妆、感情……不管遇到什么问题，你毫不犹豫地向她倾诉。和妈妈处得这么好真是难得，但成长意味着独立，离开这么好的妈妈你可能会很难受。

如何与她相处：

你不必把一切都告诉她，保留一些私密空间。当你和妈妈意见不合时，以温柔的方式告诉她。

☆ **母鸡型妈妈**

如何认出她：

她是全能型的存在，特别热衷于照顾你，简直就是个行走的服务中心！每天给你准备好要用的东西，往书包里塞点心，替你整理房间。是不是太省心了？你完全不用自己动手，她总在你背后默默关照。不过太密集的关爱也会阻碍你成长。

如何与她相处：

你要帮助她慢慢适应没有你的生活，你得比她更主动！比如说，别等她给你准备衣服，你先行动起来，抢在她前面，别让她有机会管太多。万一她有点不高兴，安抚一下：告诉她，她的好意你知道，但你想自己试试看，看看自己能力如何。这并不妨碍你永远爱她！

☆ **监工型妈妈**

如何认出她：

这位妈妈可不好对付！和她在一起，你什么都不能做！没有手机，不能出去玩，不能化妆等。相较于你，朋友们自由多了。真是痛苦！每天和她在一起，你真的很难开心，但界限是分明的。

如何与她相处：

她这么做，是因为担心你，想保护你。试着站在她的角度想想。如果她对你的生活、朋友一无所知……自然会有各种不太好的想象！多和她聊聊天。你也可以问问她和她妈妈是如何相处的……最后可以找来帮手——你的爸爸、姐姐、阿姨……让他们和她谈谈。

知识贴士

☆ 老板型爸爸

如何认出他：

他总是说"不"。他总想知道你去了哪里、和谁在一起……他最大的恐惧是那些毛头小子！谁知道这些家伙有什么歪心思？

如何与他相处：

老板型爸爸需要的是放心。你的身体的确在变化，至于那些男孩们，之后你有的是时间去了解和相处。你有什么担忧都可以跟爸爸说，你重视他的看法会让他很高兴，他也可以分享一些男性视角。有时候非常有用呢。

☆ 甜点型爸爸

如何认出他：

他很喜欢和你一起玩，让你坐在他的膝盖上，喜欢亲吻和拥抱你。

他还没意识到你已经长大了，这些游戏你已经不习惯了。

如何与他相处：

讲究策略！不要一开始跟他玩笑打闹，又突然生硬地拒绝他。可怜的爸爸会不知所措！要用温柔的方式，比如说，你假装对亲吻过敏，或者让妈妈和他谈谈。

☆ 鳗鱼型爸爸

如何认出他：

他总是远远地看着你，不敢亲你或和你说话。他难不成是害怕你？差不多！你的爸爸已经不认识他"心爱的小女儿"了。他感觉到你的变化，对如何同现在的你相处感到困惑。他总是害怕做错事，他还错误地以为你现在不需要他了。

如何与他相处：

多创造一点专属于你俩的亲子时光，让他意识到，虽然你变化的确挺大的，但你依然是他最亲爱的女儿。

我的家庭和其他人的不一样……

那又怎样呢？你认为世界上只有一种家庭模式吗？并非如此。的确，最常见的家庭模式是爸爸＋妈妈＋孩子，但依然存在大量的单亲家庭，孩子只和爸爸或者妈妈中的一个人生活，也有重组家庭和孩子特别多的家庭。最近还出现一些单亲妈妈抱团取暖，齐心协力一起抚养孩子的情况。

每一种家庭都有它的优势和难处。可能你的家庭模式引起了别人的好奇疑惑，甚至被他们嘲笑，你因此不敢邀请朋友们来你家里玩。但你越是别扭，别人的反应也会越奇怪。你的家庭只是与众不同而已。

而与众不同是一种优势！别忘了你身边有很多爱你的人。爱才是家庭最重要的组成因素！当有人问起你的家庭时，记得告诉他们这一点。

@莉娅娜，13岁

> 我妈妈在我十岁的时候去世了。从那时候起，我和爸爸就一直住在一起。我过得很好，并没有什么痛苦。这就是生活，虽然和其他家庭不一样，但这并没有阻止我感到幸福和被爱！

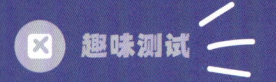

趣味测试

你是哪一种类型的父母？

想象一下，站在父母的位置，你会做出怎样的反应呢？

1 女儿数学考试不及格：
- 😄 你开始陪她写作业。
- 👻 不及格不是开玩笑的事！
- 💗 没关系，数学不是她的强项。

2 孩子的房间一团糟，你对她说：
- 😄 "亲爱的，我们一起整理一下好吗？"
- 👻 "快给我收拾好！"
- 💗 "把乱七八糟的东西都扔掉！"

3 她喜欢上了一个男孩：
- 😄 不行，她还太小！
- 👻 你愿意听她聊聊这个男孩。
- 💗 你不太高兴，但那是她自己的事情。

4 你发现她化妆化得像个小丑：
- 😄 你笑得前仰后合。
- 👻 你允许她留着睫毛膏，其他的就算了。
- 💗 如果不立刻洗掉，你可能就要发脾气了！

5 在餐桌上，她说了脏话：
- 😄 你纠正了她。
- 👻 你不给她吃甜点。
- 💗 你装作没听见。

	1	2	3	4	5
😄	1	0	2	0	1
👻	2	1	0	1	2
💗	0	2	1	2	1

3 分及以下：
亲密朋友

在你看来，教育不是训斥也不是限制，相反！好的父母不会强迫孩子做任何事情，他们和孩子之间保持着非常亲密的关系。但要注意，感情好没错，但放任不管会有风险，孩子在成长过程中需要懂一些规矩。

4—7 分：
严厉但公正

父母的职责是什么？给孩子设立明确的界限，当孩子超越这些界限时，要采取行动，不是什么事情都能随心所欲的！在你看来，听之任之特别不负责任……

8 分及以上：
毫不妥协

你相信想教育好孩子，父母必须非常严格，要不然就会"慈母多败儿"！但不要把权威和专制搞混，否则，孩子肯定会越来越叛逆的！

我父母总把我当成小宝宝

而这还没完！你到 100 岁都是他们的"小宝贝"！你得理解，父母就是这样的：他们很难接受孩子的长大。在此之前，他们一直在为你做决定。但现在，你想表达你的观点，展现你的品位。这很正常，但他们不习惯！他们害怕你犯错，或者做得过火。

解决方案？给他们安全感，用行动告诉他们，你已经"成熟"了。不要总等到他们催促才开始整理房间，少一点无理取闹和生闷气。要达到你的目标，也要做一些妥协，例如，化妆？只在聚会时！独自乘公交？好的，前提是前几次允许他们远远看着你上车。你要找到能说服你父母的扎实证据。

@阿娜伊思，11岁

你马上就要进入青春期，父母当然会不放心。你日子不太好过，但我理解你，你要让他们看到你跟那些坏孩子不一样，让他们知道你需要一点自由，你也有自控力。哪怕你还是（有点）需要他们的保护……

@朱莉亚，10岁

这么大了还被当成宝宝，是挺气人的！让他们知道你已经可以为自己负责：每晚照顾妹妹，独自去商店买东西等。

@雅纳，10岁半

如果你不敢跟他们说太多，那就在他们枕头下放一张小纸条吧，我就是这么做的，有效果的！

> 为你支招

7招说服父母

想从父母那里得到点什么，那就要先多了解他们。下面是一些跟父母沟通的技巧。

挑选合适的时机

人在放松的时候更容易被说服，父母工作压力大的时候，不要向他们提出请求。如果你最近刚犯过错，也暂时不要再求他们帮忙。先缓缓……

@夏洛特，13岁

> 试着让他们心软，同情你。告诉他们你是多么不开心啊！有时候这招还真有用。

多积累信任

成为一个自觉主动的孩子：整理自己的房间，多参与家务……不要等别人来催你。但也不要太勤劳了，那样会显得目的性太强！

避免攀比

不要拿"我同学的妈妈如何如何"来说事。父母不喜欢被强迫，也不喜欢被比下去。小心他们撂挑子不干了，语气温和一点，多从他们的角度考虑。

准备好论据

告诉他们你已经深思熟虑过了，提前想好如何应对他们的反对意见，比如他们不同

@玛戈，9岁

我承诺会做很多事情来置换，帮忙打扫卫生、好好学习等等。

@康斯坦丝，13岁

我哭着说了50遍："你们跟我一般大的时候，你们的父母也会答应的！"

意你去凯西家过夜是因为他们不认识凯西家人，那就建议他们给凯西的妈妈打个电话。主要是让他们放心。你了解父母的心思，他们总是往最坏的地方想！让他们明白放手几次会带来成长，例如给你零花钱不仅可以让你知道商品的价格，还可以让你像大人那样学会管钱，这对你以后会有帮助。

不要一次要很多

不要太贪心。如果你一次跟他们提三个要求：自己去电影院、给零花钱以及养只小狗，肯定是会被拒绝的！要一件一件慢慢来。

学会放弃

如果父母的拒绝特别坚决，那就别坚持了。耍性子、生气、威胁都是没有用的，甚至还会适得其反。父母情绪上来了，你也没有好日子过。

遵守约定

他们同意了？也要遵守你们之间的约定。比如按时回家，不要撒谎……让他们知道你是值得信任的。这样下一回再提出什么请求，就比较容易获得许可。

趣味测试

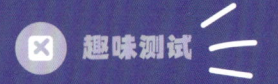

你怎么花钱？

金钱对你来说意味着什么？请看……

1 刚刚收到了这个月的零花钱，你买了：
- 😄 你最喜欢的杂志。
- 👻 准备和朋友分享的糖果。
- 💗 什么都没买，先存起来！

2 在圣诞节前，你在商店里：
- 💗 和妈妈一起比较价格。
- 😄 列出你想要的东西。
- 👻 为家人挑选礼物。

3 你认为……
- 💗 赚钱很不容易。
- 👻 只要你喜欢，再贵也不贵。
- 😄 金钱买不到幸福，但没钱肯定不幸福！

4 一家商店打折卖时尚饰品，你……
- 👻 给露西买了一个，因为她过生日。
- 😄 给自己买了两个，真的很便宜！
- 💗 一个都没买，你抽屉塞不下了。

5 如果你中了彩票大奖……
- 😄 会更新衣橱。
- 💗 把财富存入银行。
- 👻 带父母去度假。

最多 👻：
大方小姐

对你来说，存钱没有任何意义！你既不自私也不贪婪，更愿意把钱花在你爱的人身上，你总擅长找到让家人朋友惊喜的礼物，为你的善良鼓掌……但要小心别人利用你的好心！

最多 😄：
享乐小姐

想要一张 CD 还是漂亮手链？你会立刻掏出钱包！你的钱首先用于满足自己的小愿望。只要还有钱，你就不会克制，等到钱财散尽时，你可能会后悔当初的"疯狂"。购物的时候请"三思而后行"……

最多 💗：
存钱罐小姐

钱不会从天上掉下来！你收到钱后会第一时间存起来。经常担心钱不够的你看到存款增加会更安心；当你需要用钱时，你会仔细计算应该取多少，避免花光。为你的节俭感到自豪，但也不要忘记偶尔给自己安排些购物的快乐！

赚到零花钱的9个线索

★ 参加跳蚤市场！把家里不用的东西清理清理，拿一些去摆摊卖掉。注意，有时候摊位要收费，所以我会和朋友合租一个摊位，这样费用就少了一些。

克洛伊，11 岁

★ 做贝壳项链！我和表妹暑假的时候经常去海边，我们就收集贝壳，做成漂亮的项链拿去卖。很受欢迎哦！

哈娜，10 岁

★ 把衣服和玩具带到二手商店卖掉，他们可以帮忙代卖或者直接收购。这样就可以清空柜子还能赚零花钱，很不错吧！

萨拉，13 岁

★ 帮老人网络代购，他们会给你一张购物清单，你可以帮他们在网店采购。

米里亚姆，12 岁

★ 帮忙洗邻居或者父母的车。内外打扫一下，还能赚点小费呢！

萨米亚，10 岁

★ 给老年人当快递员，帮他们寄快递和包裹！

娜塔莉，9 岁

★ 喜欢动物的话可以试试当"遛狗师"。帮邻居遛狗，一定要注意牵绳，别让狗狗伤人或跑丢了哦！

莉娅，8 岁

★ 帮忙照顾邻居家的植物，比如浇花；还有喂鱼或喂猫。做点小小的好事，也能赚零花钱！

玛琳，9 岁半

★ 我很喜欢做手工，所以在我的生日派对上，我亲自设计了装饰和邀请卡，我的朋友都超喜欢！有一次，我朋友的妈妈请我为她妹妹的聚会也做了一样的东西，结果她给了我 15 欧元呢！

卡米耶，11 岁

☆ 别用这些方式赚钱！ ☆

考高分
不要让学习变成赚钱的工具，学习是为了自己而不是为了父母。

当小保姆
照顾小孩需要承担很多责任，没有你想象中的那么简单。你还有点儿小呢。

做家务
家务活是家庭生活的一部分，你作为家庭的一员干点家务是理所应当的。如果父母让你为家务付费，你乐意吗？

> 知识贴士

有人盯上了你的零花钱！

你父母是不是每个月会给你一些零花钱，别高兴得太早，有些人想尽一切办法想让你快点把钱花光！

可疑对象

服装品牌、化妆品公司、零食生产商、游戏厂商，他们都在暗处盯着你呢。

它们的目的

当然是让你买它们的产品！你平均每月有 12 欧元的零花钱，它们感兴趣的是这个。你想，每年在法国，4—14 岁的孩子们有 11 亿欧元可以花！但为什么它们要研究你？

因为你的想法很值钱！你可能并不知道，你可以决定父母买哪些东西！甚至有研究表明，孩子的意见能决定家庭一半的开销！不仅包括你直接使用的产品，还包括电脑、家电，甚至未来的汽车。此外，这些行业的人士也在为它们的未来做准备。并且成年之后，超过 50% 的产品你会继续使用。有趣吧？

它们的策略

为了更了解你的喜好，它们进行了深入而精准的研究，甚至在你的电脑上安装了监控软件以收集信息！更夸张的是，它们尽全力让你喜欢他们的产品。例如，它们会花大价钱请你最喜欢的明星穿着它们品牌的服装，这种手法极其高效，粉丝愿意不惜一切代价来模仿偶像。它们还会通过各种渠道播放那些尚未为大众所熟知的新艺人的歌曲，你无处可逃：无论是短视频还是电视，到处都是它们的身影。结果就是，即使你最初并不是特别喜欢这首歌，你也会被不断重复的播放"洗脑"。

你面临的风险

你很可能在这种潜移默化的影响下，开始不经大脑地花钱，更糟糕的是，你的思考和决策都受到了操控。被他们的策略影响后，你可能会失去独立思考的能力：买东西不再基于自身的真实喜好，而是盲目跟风，追求所谓的流行，只有那双最新款的鞋子能让你快乐，但是我们不能失去自我。

8个问题帮你抵御诱惑

当然，这并不是说你需要完全封闭自己，远离所有的时尚。但在购买之前，你需要审慎考虑，提出以下几个问题：
* 你真的需要这个东西吗？
* 如果这个东西不再流行，你是否仍然喜欢？
* 没有这个东西，你的生活是否会受影响？
* 它能为你带来什么实质性的好处？
* 你的决定是否受到他人或潮流的影响？
* 它的价格是否合理？
* 它值得你花费大量的零花钱吗？
* 相对于这个东西，是否有更重要的东西值得你去购买或者投资？

难题急救

我想要一部手机!

你的父母有顾虑？试着换位思考一下：首先，手机不便宜。另外，使用手机也有隐患。他们可能担心你的手机会被偷或你的身心健康受到威胁。你需要让他们相信你已经足够成熟理智，可以拥有一部手机。

向他们解释有手机的所有好处：随时可以联系到你，知道你在哪里，遇到紧急情况可以求助。和他们一起选一个固定套餐或预付费卡，选择符合你需求的型号，而不是追求流行。访问互联网时要使用青少年模式。

最后，告诉他们你知道如何正确使用手机。使用耳机，不在黑暗中看手机，当电磁波辐射达到最大时不要将手机放在耳边等。他们还是没有决定？耐心点。一般上了初中就有可能获得第一部手机。你还没到这个阶段吧？

@克蕾莉雅，11岁

向父母保证，你不会一天到晚都玩手机的，他们可以随时检查你在用手机做什么。

@伊利斯，12岁

我问父母要，父母不是很赞成，我就决定挑战一下自己：省下零花钱来买！我用了一年时间终于攒够钱给自己买了一部！

@莉拉，13岁

如果用得不对，手机是挺危险的，想要说服父母，那就先要让他们相信你对待手机的态度足够理智，你上网的时候也会很小心。

你长大成人了吗？

是刚开始，正在，还是已经……你知道如何承担责任吗？

对于每个问题，请勾选"是"或"否"。

是 否

1. 吃完饭后，你会自觉收拾桌子。
2. 你养了一只狗，你认为遛狗是你的分内事。
3. 父母想去看电影。没问题，你会好好照顾弟弟。
4. 家里没面包了，你会自己去店里购买。
5. 出发去度假之前，你可以自己收拾（全部或部分）行李箱。
6. 如果作业还没写完，你不会在电子产品前待太久。
7. 放学后一个人回家，没问题！
8. 被拒绝了，你也不会生气。
9. 父母总是知道你在哪里，和谁一起，什么时候回家。
10. 你极少丢东西。
11. 睡前你会记得刷牙，尤其是吃了糖之后。

0—3个"是"：
你还是个小女孩

被父母疼爱真好！你不急着长大，喜欢依赖父母，在家里很少有什么想法或建议。也许是因为你害怕做错什么？放心吧，做错事的过程也是学习的过程。

4—7个"是"：
正在走向独立

你在日常生活里尽量承担起责任，自己解决问题。当你需要帮助时，你会毫不犹豫地向父母求助，因为你还需要他们的支持，这没什么！

8—11个"是"：
长大成人啦

你成熟又独立，能够最大限度地承担责任，不需要父母提醒你该做什么。你清楚他们很关心你，懂得让他们放心。但也不要太早进入大人的角色，你不用承担太多不属于自己的责任！

为你支招

我害怕一个人参加夏令营

也许你对夏令营有很多误解？是时候澄清真相了！

你害怕无聊？真的假的？这么多精彩活动等着你，绝对不会无聊。你可以趁这个机会去增加许多新体验。想象一下：攀岩、洞穴探险、漂流溯溪、戏剧表演……这些一般只有夏令营里才会有！别忘了还有所有人围着桌子或篝火一起开怀大笑，尽情聊天，还有……星空舞会！

也许在刚开始的几天会有点想家，但不会持续太久！你也不是第一次离开他们了，很小的时候你就一个人去外婆外公家住过，对吧？

未知带来的恐惧，所有人都会经历，我们总是容易害怕陌生的人或事物。然而，夏令营带来的是一次深刻的体验，一个深化自我认知的过程。它将使你意识到，即使没有父母的陪伴，你也能游刃有余地生活，能够在他们不在的情况下找到快乐。尽管初期可能会遇到一些挑战，那也是成长的一部分。

专家提示：

在夏令营里，你与很多新朋友一起共度每一时每一刻。这种紧密的共享生活方式会塑造深刻的人际纽带，让彼此间建立起难以言喻的联系！你会拥有一些只属于自己的小秘密，并收藏在心底而不用对父母和盘托出。

希尔薇·孔帕尼奥
心理学家，
图卢兹父母学校校长

我父母不希望我化妆

你呢，为什么想化妆？因为朋友们都开始化了？为了变得更漂亮或者显得更成熟一点？抹点唇彩或睫毛膏并不会让你一下子光芒四射！你要告诉父母化妆对你来说只不过是偶尔的"娱乐"，不是每天的必需品，他们肯定会同意的。你了解他们的，他们只是担心你化妆化得太早太浓，你需要让他们放心，你并不打算变成一个行走的"油漆桶"，也不想把自己装扮成一个"小女人"！涂一点指甲油、唇彩，意思一下就好。

可以将化妆保留给重要的场合，如过年、生日派对等等。至于化妆去上学，老实说，这不是一个好主意，通常也是被禁止的。

专家提示：

再等几年，也许你做梦都想拥有现在的嫩滑肌肤！为什么那么着急要让自己变老呢？而且，化完妆之后或多或少会有点俗气！如果你想让脸颊更红润一些，可以轻轻拍打几下或者去大自然里散个步，比腮红效果好多了，还能给皮肤补点水，化妆更容易伤害皮肤而不是保护皮肤。

伊莎贝尔·斯马格
化妆师

@摩根，11岁

我妈说她化妆是为了遮住眼袋和皱纹，我们这个年纪有什么要遮的？

@莉拉，13岁

我有几个朋友已经开始化妆了，也没看出有多大的差别，我只在一些重要的节日聚会上给自己化个淡妆。

@亚历克斯，12岁

别一步跨太大，我一般是跟妈妈借一下睫毛膏，涂一点，之后问她怎么样。

知识贴士

别碰我的身体！

你的身体只属于你，遵守下面5个原则，让他人也好好尊重它。

原则2：和男生一起时明确你的底线

你小时候特别喜欢跟男生打打闹闹，玩过家家，偶尔来几个亲亲抱抱。现在情况已经不同了，如果他们的动作让你不舒服，你要让他们知道。怎么说，直接说"不"，就这么简单。也许他们被你吸引，对你变化的身体感到好奇，但是，并不意味着他们可以把手放在你的屁股上，或出于好玩去触碰你的胸部。

原则3：倾听内心的感受

要相信自己的感觉，如果有人，不管他是谁，不管他是成年人还是孩子，即便他说自己是出于好心，即便你们很熟悉，只要他的举动让你感觉不舒服了，让你害怕了，让你难受了，都要让他立刻停下来。没经过你的允许，别人没有任何权利碰你，也不能强迫你做不想做的事，勇敢地说"不"。

原则1：只有你能决定谁可以看或触摸你的身体

从今往后你决定一个人在浴室洗澡或者拒绝爷爷胡子拉碴贴脸亲亲，这样的态度没有什么不对，不用有任何的心理负担，你只是希望大家能尊重你的隐私，所有人都需要这份尊重，包括大人。

你清楚地感觉到身体正在发生变化，有点想遮一下，你有点害羞。变化本身就足够让人困扰了，更不需要别人过来对你进行评头论足！

知识贴士

原则 5: 小心谨慎

永远不要和陌生人或者你不熟悉的人一起出去玩。一定要养成告诉父母你在哪里，准备去哪儿的习惯。做一件事前，要想想父母是否会同意你这么做。永远不要去过于偏僻、没人可以求助的地方。如果发生了什么让你受伤的事，不要把它变成一个秘密。

原则 4: 学会分辨他人的恶意举动

一个拥抱，如果你很享受，如果你发自内心喜欢，那就没有任何问题。但如果一个成年人强迫你脱掉衣服，企图触摸你的私处，或者让你触摸他的性器官，那就绝对不可以了！

难题急救

我被虐待了

你被严重暴力对待了，还是有人强迫要与你发生性行为？这非常严重，没有人，尤其是没有任何成年人有权利对未成年人做这样的事，这是违法的。不管是如何发生的，你都不需要有任何自责，侵犯你的那个人要负全责，是这个人出现了问题，需要治疗。

不要试图隐瞒发生在你身上的这一切，背负它对你来说太沉重了。你很难靠一个人的力量走出来，你需要他人的帮助。解决问题的唯一办法就是说出来，找一个你信任的大人讲，比如学校的老师，一个熟悉的阿姨或朋友的妈妈都可以。有很多成年人可以帮助你。

你怕别人不相信你？不会的。即使一开始有人不相信，也不要放弃，继续向其他人求助，一定会有人相信你，也一定有人愿意帮助你的。

专家提示：

就算伤害你的人是你喜欢的、亲近的人，也一定要说出来，也许，你不敢说是因为害怕这给家庭带来什么负面影响。你的担忧我完全可以理解，但是，发生在你身上的事情已经很不正常了，必须立即制止。有些事情已经触碰到了法律的底线，你说出来，大家会一起为你和家人想到解决办法的。

凯瑟琳·舒尔
临床心理学家，
《童年与分享》杂志主编

难题急救

父母吵个不停，
我担心他们会离婚

放心，吵几次架并不代表就要离婚，意见不一致也不意味着不爱对方！就像你有时也会和最好的朋友赌气一样，她在你心里的地位是不变的！有时候累了，心情不好了，忍耐力就会下降很多。

但如果你的父母只有吵架这一种交流方式，情况就有点不同了。也许他们正在经历困难的时刻，给他们点时间找到解决办法。你可以明确地说出来，他们总在你面前争吵会让你紧张焦虑，建议他们换个地方。

专家提示：

发脾气和吵架并不总是坏事，也可以帮助我们梳理思路，倾诉焦虑和表达不满。解释清楚了，关系一般都能恢复如前。

但如果你觉得父母之间的争执已经到难以忍受的程度了，可以和你信任的成年人谈谈：比如学校的心理咨询师、家庭关系调解员等等。不要总是一个人扛下所有问题，说出来会轻松些，也更容易找到解决办法。

玛丽·西蒙
家庭调解员

@芭芭拉，11岁

告诉他们家里人吵成这样让你很伤心。

@摩根，11岁

千万不要让自己卷入父母的争吵，那只会让事情变得更糟！不过，你也要明白，没有不吵架的夫妻。

@卡米耶，13岁

谁都有生气的时候，有时吵架还能增进两个人之间的情感。

知识贴士

父母离婚，接下来该怎么办？

你刚刚听说父母要分开了，一下子好多疑问和困惑在你脑海里翻腾，我想回应你其中一些。

这不是你的错

你可能会觉得自己对父母的分开负有责任，但这和你一点关系都没有！这是两个成年人之间的决定。无论你性格如何，做过什么，考试分数多少，这都与你没关系。事实就是你父母曾经深爱过彼此，但此刻他们决定分开。但这不意味着他们会停止爱你，亲子关系是离婚也剪不断的：你的父母永远都是你的父母。你可能认为还可以努努力让他们和好？不用抱太大希望，你很难改变两个成年人的想法，很可能会越努力越失望。

你感到伤心或生气是正常的

父母的婚姻状况不是你选择的。也许这段时间，你的心情起伏很大，在学校和朋友一起的时候更容易发脾气，也可能总是想哭。你会生父母的气，但因为你也爱他们，发完脾气又会自责。你甚至会头疼、肚子疼……你需要一些时间来观察和消化这些痛苦。如果需要，找你信任的成年人谈谈：叔叔阿姨、爷爷奶奶、外公外婆或者专业的心理咨询师……

知识贴士

你的生活将会改变

突然间,一个家变成了两个家,你要来回奔波……有点顾虑也是难免。曾经固定不变的参照物被打乱了,你不得不养成新的习惯,但要相信人适应环境的能力。好处是,你再也不用忍受终日吵闹的家了,父母找回了笑容,有更多时间陪伴你,生活会轻松一些。

☆ 小心陷阱 ☆

不要成为"间谍"

现在你的父母分开了,他们可能会问你关于对方生活的很多问题。

你没有义务回答他们。从现在开始,他们需要学会过好各自的生活。如果你觉得他们在利用你,请跟他们直说。你也不用做父母之间的传话筒。这不是你该扮演的角色!让他们自己解决,如果他们无法做到,应该自己去寻求帮助。

你仍然可以看到父母

即使你不能像从前那样和爸爸妈妈一起生活,你也有权利去看望他们,看望爷爷奶奶和外公外婆。当你与其中一方度过愉快的时光后,也许不太敢跟另一方提起,觉得这样的快乐像是一种背叛,然而体验这样的幸福没有任何过错。如果你想,跟他们聊聊他们不在身边时你都在做什么。

知识贴士

☆ 小心陷阱 ☆

不要替代缺席的父母
之前家里有两个人负责赚钱购物、打扫卫生、洗衣拖地等，现在人少了，你理应多分担一些家务，但你不必成为父母的"情绪垃圾桶"。他们不开心很容易触动你的心，但不要事事都替他们着想，你也有你的生活。怎么能让孩子照顾大人，大人照顾孩子才对呀！

靠更深的了解和更久的相处，大家都需要一点时间彼此适应，他们也在面对全然陌生的环境和家人。谁知道以后会怎样呢？说不定你哪天会惊奇地发现：他们还挺可爱的。

父母有新伴侣了！

你会有些不舒服吗？的确，好像被逼着让出父母一样。但父母有了新伴侣并不代表他们会忘记你，相反，亲密关系会让他们有更多爱和关怀，生活重负也终于有人分担。一开始内心肯定会有点抵触，多接触多交流，一些想象出来的隔阂就会慢慢消失。

家庭成员变多了

父母的新伴侣有自己的孩子，他们也一起来了，你不得不和他们分享家、分享爸妈，甚至分享卧室。不容易……慢慢来吧。怎么做呢？不要一上来就竖起盾牌，说他们是"入侵者"。放下心防要

渡过父母离婚难关的7个方法

⭐ 为了让生活早日恢复正常，找两份日历，把在爸爸家居住和在妈妈家居住的日子分别用不同的颜色标记出来，在每个家里贴一份。

⭐ 你想念不在身边的爸爸或妈妈？有办法：在相册里放你们的合影，在书桌上放一点你们一起出去玩时买的纪念品。通过短信、电话、电子邮件、信件等和父母保持联系，将你的两个房间布置得像你一直住在那儿一样。

⭐ 两个家就有两种生活方式。为了了解你在两处要遵守的不同规则，可以列一个清单：在妈妈家，吃完饭我负责清理餐桌；在爸爸家，做作业前可以看15分钟电视……

⭐ 可能的话，尽量与爷爷奶奶或外公外婆保持联系，即使你们很少见面。当你的生活发生变化时，他们的关爱会给你带来巨大的抚慰。

⭐ 少说类似"在爸爸家，到晚上10点我还可以看电视"之类的话，这样只会进一步激化父母之间的矛盾。

⭐ 你还是觉得难过？别憋在心里。让父母带你去看心理咨询师或者家庭调解员，他们会帮你渡过难关。

⭐ 即使很困难，也要去尝试发现事情积极的一面。你现在可以一年过两次生日、收双份礼物、去不同的旅游地点等。更重要的是，爸爸妈妈有更多的时间陪你了。也许你还会对他们有新的认识！

知识贴士

朋友们经历的父母离婚

⭐ 父母离婚的时候我才9岁，但我没有特别痛苦，问题不在我身上，我也受够了一天到晚听他们大吵小吵不停吵。他们离婚后，我和妈妈住，会定期去见爸爸，后来妈妈跟一个有两个儿子的男人在一起了，说实话，这两个男孩有点烦人，不过，我之前是独生女，他们来了我就不无聊了！

萨米亚，10岁

⭐ 我父母也离婚了，一开始没那么好过，不过现在我已经接受现实，还多了两个兄弟，他们人都特别好！

梅，11岁

⭐ 如果你和你父母的新伴侣处不来，还是要跟他们好好聊一下的，不要憋着不说生闷气。

佩林，13岁

⭐ 我就来自一个重组家庭。我想给你的建议是：让你的爸爸或妈妈给你买一部手机。这样，你就可以随时联系他们中的任何一个，而不会让另一个吃醋了！

朱莉，10岁

⭐ 父母分开也是有好处的，过生日礼物更多了，有两个房间，多了一些堂表兄弟姐妹和长辈。每次我去爸爸那里，都像是度假！

阿加特，12岁

⭐ 父母组建新的家庭没那么可怕！当然，一开始还是挺难的，我无法忍受妈妈男朋友的儿子。虽然只相差一岁，但一开始我们总打架！现在我们成了朋友，甚至可以说是知己！

玛侬，11岁半

⭐ 有两个家庭好不习惯，我总是很难离开一个家去另一个家。但过一段时间后，我感觉好多了。最重要的是和爸爸妈妈都能保持良好的关系。

加勒，12岁

我真想有个弟弟或妹妹啊!

没开玩笑吧?你竟然梦想着不再成为父母独一无二的宝贝,梦想着把自己的玩具分享给另一个人,梦想着屁股后面多一个黏人的小跟班?你真的知道有兄弟姐妹之后生活是什么样的吗?做独生女有很多好处,父母只照顾你一个人,陪你的时间更多,更有耐心倾听你,可以交流得更充分更深入,这些都不是无足轻重的。

也许你是害怕孤独,可以多邀请朋友来你们家玩,多跟表兄弟姐妹走动走动。多参加一些课外活动,也能认识不少新朋友!最后,你也别忘了,是否再要一个孩子是由你父母决定的,你很难将自己的意愿强加给他们。

专家提示:

你可能觉得单枪匹马应对父母挺难的,他们把所有期待都压在你身上了,这压力会有点沉重。你想着多个人分担,自己会轻松点。

这想法的背后藏着你对父母的质疑:"你们对我满意吗?"内心深处,你期待父母向你确认,他们不需要其他孩子,有你就够了。你只想确保他们会永远爱你。

希尔薇·孔帕尼奥
心理学家,
图卢兹父母学校校长

@梅丽莎,10岁

我有个朋友也是独生女,她可没孤单过,邻居家有个女孩经常来找她玩,她也经常到邻居家玩,你可以学她,跟小区里的同龄人多接触接触。

@克拉拉,11岁

可以养个宠物呀!

知识贴士

兄弟姐妹之间

兄弟姐妹在身边，好烦；兄弟姐妹在外，好想。欢迎来到"兄弟姐妹"的世界！

争吵就是兄弟姐妹关系的名片，世界上找不到没吵过架的兄弟姐妹。在欢乐背后，难免有嫉妒、欲望、不公……这也没什么好奇怪的：朋友可以自己选，但家人选不了，难免会有摩擦。

总是又爱又恨

没人规定兄弟姐妹必须一直相亲相爱！同一对父母，生活在同一个家庭，但大家又都是独一无二的存在，有自己的性格、喜好和观点……小打小闹是避免不了的……每个人都想成为爸妈心头的"小宝贝"，都想比其他人出类拔萃，都在争取被听到，在家里有一席之地。只要同住一个屋檐下，这场竞争就不会终结！

会成长得更快

因为不止一个孩子，就会有机会学习分享，学习包容，也能更早理解人与人之间

知识贴士

的差异，这是好事。有了兄弟姐妹，一个人会更早融入社会，提前掌握人与人相处的规则！也可以近距离地学习他人的习惯和优点，以便超过他们！

我们会更强大

在兄弟姐妹的相处中，最大的礼物是一起铸就的美好回忆。面对父母时，有人联手不会觉得势单力薄，遇到困难时，大家也会同心协力共同克服。

如果此刻你们之间的关系有点紧张，也请不要过分忧虑。关系不会一成不变，它会随着你们的成长而发生改变。这是一种美妙的变化，同胞之情是一个人一生中最持久的情感纽带之一！也许在不久的将来，你们之间的互动会变得更为亲密和融洽。

难题急救

我妹妹总学我！

她只是渴望长大，因为崇拜而模仿你！你是她的榜样，学你也是一种恭维，你估计是没看出这一层吧？不过，你被激怒也可以理解，身后总有个小跟班，一个从天而降的"克隆人"，甩也甩不掉，真是烦死人。而且，她还比你小！

这个小不点干吗要做你正在做的事情？另外，父母总把照顾妹妹的活儿托付给你，也让你更加心烦。你希望多点自由时间做自己喜欢的事情！

试着宽容一些。你妹妹还没发现自身的独特之处，但总有一天，她会的。在此期间，你可以引导她，让她看到自己的闪光点，那些与你不同的优势，她就会把注意力放到自己身上了！如果父母总让你看管妹妹，可以问问他们，小时候喜欢总是有小孩跟在后面吗？不喜欢？那就请他们也多理解下你！

@埃斯特尔，13岁

我就以眼还眼，告诉她我是你的偶像，问要不要给她签个名，结果她不高兴了，就不学了！

@玛丽，10岁

你学她说话，学她的表情，这样她就知道多难受了。

哥哥总是差使我做这做那！

这是典型的家长作风，哥哥们总是想当领导！不过，给予他们权力的也是你的爸妈，他们需要哥哥们帮忙照顾弟弟妹妹，做好表率。哥哥们干活也不容易，但也不能恣意妄为啊。生活真艰难，除了父母之外还有第三个人在指挥你！

也许是哥哥把父母的话太当真了，让他觉得自己什么权力都有。他不能把你当成他的小奴隶：去给我拿这个，去给我找那个。你有理由反抗，不能任他摆布。在这种情况下，你不必费力找什么解决办法，只需跟父母做个解释，告诉他们你爱哥哥，但他太过分了。

专家提示：

你的到来会让哥哥有些担心：父母会不会不那么爱他了？你会不会取代他在父母心中的位置呢？这些焦虑都很真实。不过，他想了个办法，自封为"大哥"，而你就是"小跟班"啦。他给你下命令，也是在扮酷，耍一下威风！

希尔薇·孔帕尼奥
心理学家，
图卢兹父母学校校长

@康斯坦丝，13岁

妈妈不在的时候，我姐就觉得她是老大，要管着大家，有点专横。我也不是好惹的小宝宝，我会发脾气的！

@娜伊玛，12岁

我哥哥惹我生气时，我会把他当空气。不过，想每次都做到也不容易！

知识贴士

无论他们比你大还是比你小，
都应该说声"谢谢"！

当你感觉快要受不了的时候，读一读下面这些文字，它能帮你换一个角度看待你和兄弟姐妹之间的矛盾和问题。

幸好有哥哥或姐姐

你多了一个向导

他比你先进入中学，也更早体验第一次独自参加夏令营的焦虑。你要学习好好利用他的知识和经验，尤其是他乐于分享的那些，而你的求教也会让他感到自己经验老到。你也可以跟他们聊聊青春期、友谊或爱情。如果他是男孩，他看待事物的方式会和你有所不同，这个不一样的视角也很宝贵……

你多了一个保镖

当你在学校被欺负时，谁会站出来保护你？在家里谁会和你一起对付爸爸妈妈？当然是你的哥哥姐姐！他们比你大，会不由自主想要照顾你、保护你。

和父母相处变容易了

作为长子或长女，他们需要和父母进行所有困难的谈判，比如零花钱、外出、睡觉时间等，不知不觉中也为你铺平了道路。有他们为你开路，你的生活会容易很多，父母也不会对你那么严格。

幸好有弟弟或妹妹

你多了一个玩伴

小孩子总是很高兴能找到一个伙伴,尤其当玩伴比他们大时,这会让他们感觉自己也成熟了!

你变得更重要

相比于年纪更小的孩子,你有一个很大的优势:你比他们知道得多。你会发现他们总想学你。你是他们的榜样,他们愿意听你的话,向你寻求建议。这样的赞扬和崇拜,会让你的自信心大增!

你不再是父母的唯一焦点

这是一个不容忽视的优点!父母的期待有时候很沉重,一个人承受往往吃不消,现在你多了一个分担者。而且,当父母忙于照顾弟弟妹妹的时候,他们就没有精力盯着你了,这会让你多出不少自由时间。

你成长得更快了

照顾弟弟妹妹占用了父母大量的时间精力,你就常常要独立解决问题,甚至,还要帮父母承担一点养育的责任,这些辛苦让你有些怨言。然而,正是这些历练,让你慢慢学会如何做一个对自己以及对他人负责的人,这对于你以后的成人生活有很大帮助。

难题急救

我父母更喜欢我的兄弟姐妹！

到底经历了什么会让你有这样的想法？你认为父母没有给你们同等的关注吗？你感觉自己被忽视了？确实，被抛弃的感觉挺难受的，但你确定自己没有夸大事实？人总是更关注自己的感受，你可能只记得你被惩罚的时候，而忘记了其他人被罚的情形。

也有可能是你的兄弟姐妹遇到了困难，父母觉得他/她比你更需要他们。试着和他们谈谈，创造一些和父母独处的时间，开展一些你们都喜欢的活动。

@莱斯利，11岁

我不觉得父母会偏心，他们只是用不同的方式跟我们相处，因为我们太不一样了。

@康斯坦斯，13岁

我的父母从不区别对待我们仨——我哥哥、我姐姐和我。如果有人遇到了什么麻烦事，他们会多花一点时间在那个人身上。

专家提示：

几个孩子当中，你总感觉父母爱你最少？你错了！父母只是在用不同的方式爱你们，因为你们都是独一无二的。你和兄弟姐妹在不同的时间来到他们的生命中，他们的心态也会发生变化，而你们也各有优点，而父母欣赏的正是你们的不同。

有时父母会从某个孩子身上看到自己的影子，下意识地就会和他/她更亲近些。这只是父母的想法，跟你好不好没有一点关系。

好在你正在不断变化、成长。可能过不了多久，你会和他们中的一个更亲近呢！

希尔薇·孔帕尼奥
心理学家，
图卢兹父母学校校长

为什么挨骂的总是我！

专家提示：

你说得对，被冤枉真的很不公平，也很伤人。如果你很确定自己没犯错，就必须站起来维护自己的清白。

不过，你也得想想，为什么大家总会怀疑你？大家听到你的解释了吗？有时候，当一个人被贴上某个标签时，是容易蒙受"不白之冤"的。也许你撒过几次谎，所以父母都不太敢相信你了。又或者吵架的时候你总是最凶，所以大家很容易觉得是你先挑起的事端。

你知道父母很怕孩子大吵大闹，他们可能下意识地就想找出那个"罪魁祸首"，而没花时间精力去深入了解事情的真相。所以，你要大胆地让自己的声音被听到，冷静但坚定地解释你的立场。

不要太激动，要不然很可能会继续被误解，这可不是你想要的结果。

注意！别掉进陷阱里。如果这种情况反复发生，那你可能也有一部分责任。至少，父母训斥你也代表他们是在意你的，但这种在意会让人感到不舒服。别说自己是那个"总挨骂的人"！

你肯定有很多优点，要好好发掘，也试着找出你的缺点并改正。你撒过谎？那就想办法重新赢得父母的信任。你容易发脾气？那就想办法控制一下。很快你就会发现，他们关注你，是因为你的品质而不是缺点。

希尔薇·孔帕尼奥
心理学家，
图卢兹父母学校校长

@萨拉，10岁
想办法让爸爸妈妈更愿意相信你。他们总是先把你挑出来骂，这不大正常。

@苏茜，13岁
把你的疑惑跟父母说，找到证据来证明自己的清白。

@索拉雅，13岁
如果大家总是怪罪于你，也许是有原因的……犯错误的时候，别急忙否认，而是要道歉。否则，他们以后就更难相信你了。

为你支招

兄弟姐妹和平相处的7个窍门

当争吵一触即发，也不是没有解决办法。方法如下。

保护好你的物品

你不想妹妹碰你的东西？可以在你的房间里专门给她放一个宝宝玩具箱，她玩得不亦乐乎，就不会去碰你的那些宝贝。

控制怒火

什么都抑制不住你要向这个"坏蛋"发泄怒火了，不过还是有办法的，找张哥哥的照片，在纸上画下来，在这个假哥哥的头上画上角、脸上画上痘痘、脓包……想怎么画就怎么画，肯定解恨！

给语言加点笑料

难听的话就到嘴边了？一定不要骂脏话，换个方向，看谁"攻击"对方的话最搞笑，比如"你这个穿拖鞋的狒狒"或者"你是跑龙套里演戏最好的"。这样的争吵往往会以大笑收场。

☆ 为什么你们会吵架？☆

> 争吵有很多原因，其中一条你可能不愿意承认，就是"你喜欢"！有时候你会以惹恼哥哥或姐姐为乐。至少在逗他们的过程中你觉得无聊。尤其是你知道说什么或者做什么一定会让他们发怒。你非常了解他们，甚至比父母还了解。这么多年来，你掌握了他们所有的小秘密，撒过什么谎，跟谁交了朋友，都逃不过你的眼睛！

@塞西尔，12岁

> 经过大家一起商量确定好各自的任务，白纸黑字打印出来，让父母也签字。谁也别想抵赖。

@克洛伊，8岁

> 哥哥骂我的时候，我不理他，一开始他会很火大，但闹一会儿也会觉得无趣，就再也不打扰我了。

把不满写下来

把所有的不满和痛苦都写在一张纸上，这样你可以看得更清楚，而在书写过程中你也会慢慢平静下来。

向中间人求助

你们分不出谁对谁错？找个中间人调解吧。轮流向他陈述你们争吵的原因以及各自的不满。请中间人记下或录下你们所说的话，主要目的是要弄明白争吵的过程和细节，一起寻找解决办法。

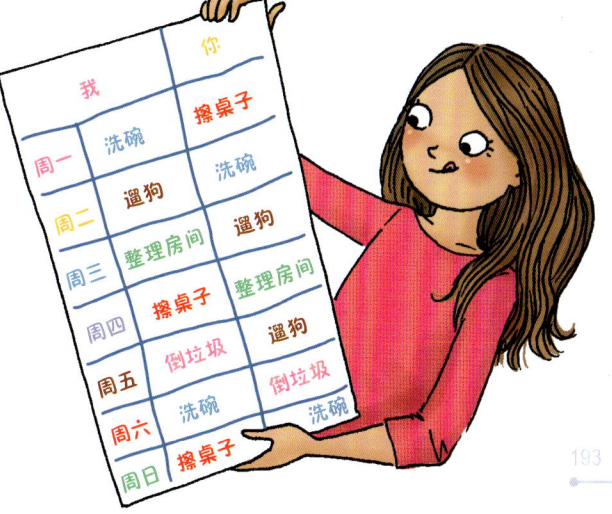

制定家庭规则

一起商量家庭成员应该遵守的规矩。比如不许在别人不在家时进他房间，或者未经同意不得擅自玩兄弟姐妹的玩具。

@克拉拉，11岁

> 我快爆炸时，会把自己关在屋子里冷静一下。

@奥里亚纳，10岁

> 一起看什么电影，一家人轮流决定。如果某次我想看点别的，会在之后自己找来看。

制订计划表

所有人共同参与制订家务劳动时间表，这样每个人都知道自己什么时候该干什么了。你还可以挑战一下哥哥姐姐，比如问他"你能在两分钟内摆好餐具吗"？很有趣吧。

学校之外
也有生活

生活里可不仅仅有考试成绩，你的爱好、你的梦想、你的愿望，也同样重要！如果你对外面的世界很好奇，我可以给你一些建议！

知识贴士

无聊万岁！	209
你是个合格的网络冲浪者吗？	210
电子屏幕，别掉进它们的陷阱！	214
长大是需要时间的	220
3个线索帮你预测未来的理想职业	224

为你支招

唤醒你体内沉睡的艺术家！！	198
4步帮你成功办派对	202
保护地球的5个日常动作	205
让你的想法变成行动	206
日记使用说明	216

趣味测试

你有哪些兴趣爱好？	196
什么会让你感到愤怒？	204
你是个好奇的人吗？	208
你是哪一种网络沉迷者？	212
你觉得自己20年后会是什么样子的？	219
你适合从事什么职业？	222

难题急救

我不知道该报什么兴趣班，我什么都想学！	200
我不想学小提琴（体操、柔道……）了	201
父母禁止我上网	213
我想当个明星！	218

趣味测试

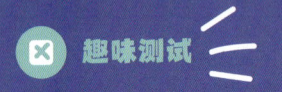

你有哪些兴趣爱好？

兴趣爱好就好像一台发动机，会推动你不断往前。所以，有哪些事情能点燃你内心真正的热情？

（这是一道多选题，你可以圈出多个选项）

1 你报名了（或准备报名）……
- 一个雕塑－陶艺工作坊
- 一个儿童权利保护机构
- 一个马术训练营
- 一个计算机编程启蒙班
- 社区图书馆？

（接下来是单选题）

1 做下面哪件事可以让你感觉更好：
- 提出问题之后得到清晰的答案
- 勤奋努力
- 让想象力自由驰骋
- 被朋友们接纳
- 成为一个对他人有用的人

2 这一年，你决定：
- 把家里闲置的物品捐给公益机构
- 自己重新装饰下卧室
- 在日记里记下内心的想法
- 坚持锻炼保持健康
- 修好你之前弄坏的所有玩具

3 下面哪件事，会让你感到特别骄傲：
- 荣获"天才少年发明家"称号
- 在运动会上拿到金牌
- 收到好朋友送的巧克力金牌
- 发起的保护大自然项目拿到了资助
- 绘画比赛取得一等奖

4 你还是小宝宝的时候，最有可能做过下面哪件事？
- 把爸爸读的学术著作里的插图小人儿全都剪下来了
- 跟大姐姐借了口红，学她给自己化个妆
- 把电视屏幕敲碎看看里面有没有住人
- 把床垫当成蹦床，跳坏了里面所有的弹簧
- 偷了父母的钱包，把它送给了一个乞丐

5 不久之后，你希望自己变成：
♡ 医生
☁ 服装设计师
😊 编舞
👻 数学老师
☆ 作家

有两三个图标数量一样（或相似）？可以把下面这几个图标背后的描述都念出来。

最多 😊：
对"创作"最有热情
不管是绘画、缝纫还是写作，你很难割舍这些创造活动。你富有想象力，感受力也特别敏锐，肯定还有一双灵巧的手，这些都是真正的艺术家所必备的。
动脑又动手不仅仅是为了放松自己，也是表达你独特个性的最好方式！

最多 ♡：
对"运动"最有热情
做"沙发土豆"是你无法容忍的！运动是你保持活力的方法，参与体育活动不仅可以超越自己的极限，而且还能结识和你一样热爱生活的新朋友。你最喜欢活动筋骨打开心灵！

最多 ☁：
对"技术"最有热情
你难道是天才发明家吉罗·吉尔鲁斯的表妹吗？你对万事万物都充满好奇，会自己拆开电脑，看看这台机器是怎么运作的。你也是创意大师，玩起工具比玩布娃娃可开心多了。男孩子们可追不上你的思维！

最多 👻：
对"关系"最有热情
家人、朋友和聚会构成了你的最重要的小世界。你最大的乐趣是与朋友们聊上好几个小时，整理照片或做手账。有些人说你有点自我封闭，别在意他们怎么说，你的幸福最重要！

（译者注：吉罗·吉尔鲁斯是在《米老鼠》中的一名山雀科学家，最初在1952年5月卡尔·巴克斯的漫画《葛莱史东的秘密》登场。）

为你支招

唤醒你体内沉睡的艺术家！！

提升创造力的7节课。

第1课：磨尖你的感官

让自己完全沉浸在周遭世界里，观察大街上的人来人往或海报招贴，嗅闻雨后抽屉里散发的潮湿气味，闭上眼睛感受阳光拍打你的脸颊，品尝之前没有吃过的水果。

第2课：跟随你的直觉

做点不一样的事，冒点小风险，哪怕你在做一道菜，也要搞出点花样来。去做各种各样的试验，失败了也无妨。犯错使人进步，最重要的是，不需要完美，而是要做出有意思的东西。对完美的过分追求将抑制你的创造力。

第3课：记下所有点子

是的，哪怕是那些一开始让你觉得特别疯狂的主意。不要限制自己做梦的自由，把头脑中出现的所有画面都记下来，之后，留下那些你更喜欢，更愿意去实现的。一个建议，随身带着一个小笔记本，好主意常常会在最不经意的时刻出现（在公交车上、地理课上，或跟家人一起吃晚饭的时候）。

☆ 创造力从何而来？☆

世界不是一分为二的，一半是艺术家，一半是平庸路人。每个人都有一点创造天赋，但是创造力不是凭空而来，是需要不断训练的，就像学习乐器时一天不练就手生一样。创造，就是把那些已经存在于你头脑中的元素用新的方法组合在一起。每一天，你的大脑都会记录下无数的信息，这些信息被放在不一样的格子里面，这些格子就是你的创意库。你可以在不同场合下把这些有创意的点子取出来用。

第 4 课：用心观察大自然

大自然是特别好的灵感来源。你知道吗，没有一堵墙是纯白色的，阳光下，它会变成黄色，阴影下，又是灰蓝色的，这细微的变化需要你睁开眼睛仔细观察，再说云，它会变幻出无数种形状来。如果你让它们在头脑中动起来呢？这个练习不仅能放松身心，还能让你有更开放的精神空间来迎接更多的新鲜灵感。

第 5 课：玩文字游戏

文字游戏对你的语文水平和想象能力都是很好的锻炼。比如有个游戏是这么玩的：你先在一页纸上写下一句话的开头，之后把纸折起来，只露出最后一个词，让同桌用自己的话把这个词给接下去，再把纸还给你……循环往复几次，就得到一个原创的小故事啦！

☆ 创造力从何而来？☆

想象力在生活中特别有用，不仅可以用来帮你建构独属于你的世界，还能在你遇到挫折时带领你走出来，毕竟，多一个想法就多一条出路。

第 6 课：保持好奇

好奇心捕获的是想象力的原材料。没有它，就不可能有新的创造。花时间倾听你内心的声音，关注他人和你周围的事物。当你试图表达你的感受时，你就在创造！

第 7 课：让感觉引导你

放点音乐，将自己听到的用绘画形式表现出来，上点颜色，加点文字。

难题急救

我不知道该报什么兴趣班,我什么都想学!

大家都这么难!选择舞蹈还是拳击?戏剧还是非洲金贝鼓?选择这么多,又都这么吸引人,做决定真是太难了。问题是你不能什么都学,却又每个都是上个两三次以后就再也不去了。但另一方面,如果你不尝试又怎么会知道自己是否真的喜欢呢?

为了帮助自己做出决定,你可以在纸上列出每项活动吸引你的地方。因为它很流行?还是你的朋友都参加了?还是你想让身体变得更好或者性格变得更开朗些?把想法写在纸上会一目了然。

还可以跟那些已经参加过活动的朋友取取经,比如课程是怎么安排的,老师怎么样,哪些部分让她们很投入很有成就感。最好能旁听一两节课,这样就能得到更直观的印象。现在一般都会有免费的体验课,报个名试试!

@朱莉,8岁半

如果你害怕选错,找个朋友跟你一起去上课,两个人一起学更容易坚持下去。

@卡罗尔,11岁

可以先报个短期的,后面想换也方便,但最好还是多坚持几节课再考虑要不要放弃吧。

我不想学小提琴（体操、柔道……）了

咦，发生什么了？刚开始时你还满怀热情的？怎么现在一点儿兴趣都没有了？注意，不是简单一句"我有点腻了"就可以说服父母的。你不觉得自己放弃得太快了吗？从一项活动中获得乐趣是需要时间和努力的。你不会一下子成为高手，也不可能不学乐理知识就能演奏好曲子。进步的喜悦来自持续的练习。如果浅尝辄止，遇到一丁点儿困难就放弃，将来你会后悔的。

你已经下定决心了？那就跟父母好好谈谈吧，让他们理解你这么做是有理由的，比如老师换了，新老师对你太苛刻了，你很不开心……

你也要做好让步的心理准备，父母一般会要求你学完这一学期或者一学年的。他们已经交了学费，肯定不希望你半途而废，这可以理解。这样你就明白选择一门课程，就像是跟老师、父母，尤其是跟你自己签署了一份合约，每个人都要学习对自己的承诺负责。

@珞娜依，10岁

如果感觉腻了，可以试试换个老师，换一门课或者少去几次。

@佐伊，9岁

可以这么跟父母说，不上这个兴趣班你能多点写作业的时间。

@塞西尔，13岁

年初的时候我也不知道要学什么，妈妈帮我选了体操课，上着上着我发现自己并不喜欢，我就告诉她了，妈妈把选择权交给了我。

> 为你支招

4步帮你成功办派对

倒计时已经开始，按部就班地执行就行。

聚会前 20 天：说服父母

晚上或者周末在你父母心情好的时候提出你的计划。别用"野性狂欢大派对"之类的词，会吓到他们的，最好说生日聚会或者聚餐。还要做出一点妥协：他们一般不会愿意让你这个年纪的孩子单独留在家里操持一切，他们的担忧不是毫无道理的，不过你可以要求他们届时待在房间里不出来。至于活动时间，如果你真想搞一场正式的聚会，可以选择下午 5 点至晚上 9 点这个时段，或者下午 2 点至 6 点之间，最好是周六。此外，你要跟父母保证，聚会结束之后会打扫房间，言出必行，这样他们才会允许你有"下一次"。别忘了提前通知邻居你要举办聚会，可能会有些噪声。

@克莱尔，9岁半

> 买些蛋卷，再找些彩纸片写上励志金句，然后把纸片卷起来塞到蛋卷里，这样你的朋友吃完蛋卷之后可以把金句纸片保存起来留作纪念。

聚会前 15 天：发出邀请

这样你就可以提前知道谁会来参加。如果是大型派对，建议平衡男女生的人数；如果是中等规模的聚会，客人最好不要超过 10 个，否则你会照顾不过来；如果是可爱的睡衣派对，最多邀请 5—6 人参加。

为你支招

☆ 聚会上可以做什么？☆

多从杂志和网络上找些灵感，比如你可以给聚会定个特别的主题，如"明星模仿秀"、卡拉OK大赛、音乐之夜——听前奏猜歌名等，或者事先在家里或花园里藏些东西，让大家玩寻宝游戏。还可以搞点神秘的，所有来参加的人必须在入口处说出暗号以通过验证。总之，充分发挥你无边无际的想象力！

@阿迈勒，12岁

每次聚会，我都会给大家一些小挑战。我最喜欢的是什么呢？蒙住一个人的眼睛，让他尝一道菜，猜出这道菜里有哪些食材！

@玛丽，9岁

我过生日的时候和妈妈一起组织了一场玩具抽奖，参加的朋友都特别开心！

聚会前1天：准备音乐

为了防止临时"掉链子"，你可以提前将自己的设备（手机、MP3等）连上音响测试，看看播放是否顺畅。音乐最好风格多样并且节奏感强，在聚会开始时播放可以增加氛围感。

聚会当天：组织执行

为保万无一失，可以写一个待办清单，把所有要做的事情列上去，做完一件打一个钩。如果是在餐厅举行聚会，先用大毛巾保护好易碎器皿，把贵重物品收起来，之后再用气球和彩带等装饰餐厅。可以根据主题做一点个性化的装饰，比如举办"星光晚会"，可以在墙上贴些夜光星星，在大人的帮助下换上彩色灯泡。

至于吃的，最好准备易于取用的甜品台（放上蛋糕、馅饼、蛋挞、汉堡、糖果等）。客人可以自由取食，这比大家都围坐在桌子旁就餐方便多了。好啦，现在万事俱备，只等客人了！

趣味测试

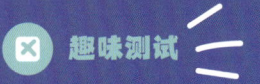

什么会让你感到愤怒？

你愿意为什么挺身而出？坦诚地表达吧……

操作指南：请勾选最能反映你观点的 6 个选项。让你感到愤怒的有……

- 奴役儿童，孩子就应该去上学而不是去工厂上班。
- 有人在度假前遗弃他们的狗。
- 空气污染：每天都在呼吸有毒气体真是太糟糕了！
- 斗牛：这是一种野蛮的"表演"。
- 有人根据肤色把人类分成三六九等。
- 破坏环境：将垃圾丢在大自然中。
- 某些动物种群因人类猎捕而灭绝。
- 世界上有数以千计的人正在挨饿。
- 浪费：应该回收再利用，而不是不停消费！
- 贫困：没有人应该生活在困苦中。
- 动物实验：在兔子身上测试护肤产品是不可接受的！
- "地球之肺"——亚马孙热带雨林渐渐消失。

最多 ♡：你为公平而战斗

你厌恶种族主义、贫困和歧视，你梦想所有人能够携手并进。是时候为构建一个更好的世界而付出努力了！

最多 👻：你为保护环境而战斗

对于地球的未来，你充满了忧虑，你愿意挽起袖子来保护它。从你身边的人开始，去引导他们关注这个问题。这只是一小步，但它会通向远方……

最多 😋：你为保护动物而战斗

那么多动物，不管是毛茸茸的、羽毛丰满的、还是鳞片繁多的，你都想做它们的保护人！对于有些动物所经历的痛苦，你感到愤慨，你很想加入动物保护者的行列，大声疾呼："众生皆平等！"

保护地球的5个日常动作

别以为自己无法为保护地球做出贡献，看看可以做些什么吧！

节约用水

使用淋浴而非浴缸，抹香皂和刷牙的时候关闭水龙头，这样一周可节约至少178升水！

减少垃圾

旧报纸、塑料瓶、玻璃……这些都是可以回收利用的垃圾，但最好的垃圾是我们还没有制造出来的！浴室里可以尽量避免使用塑料，使用固体香皂和洗发产品，也要避免购买单独包装的蛋糕。

减少时尚消费

时尚产业是世界上最大的污染源之一！你可以通过选择二手衣物或那些环保布料的新衣如那些由亚麻或有机棉制成的衣物来减少污染的可能性。

杜绝浪费

离开房间时记得关灯，把音响和电脑设置为休眠状态，否则会白白浪费电。再把书桌搬到窗前，这样看书写作业的时候可以充分利用自然光，而不用开电灯。打印时使用双面打印，树木会对你说声"谢谢"的。

使用公共交通

只要有可能，就选择公共交通、自行车或步行的方式出行。你还可以和朋友们一起拼车去上学或者上舞蹈课。

> ! **为你支招**

让你的想法变成行动

为他人而行动

★ **把旧玩具捐出去**：如果你不想要的旧玩具还能玩，就赶紧捐出去吧，说不定可以让其他的小朋友乐开花呢。不管是逢年过节还是平日，有好多慈善组织都会组织这样的回收旧玩具的活动。

★ **在暑期接待一个小朋友**：每个暑假你和家人都可以邀请一个乡村的小朋友来家里住几天，一起玩耍。

★ **找找关心儿童福祉的人道组织**：比如"妇女儿童工作委员会""联合国教科文组织""联合国儿童基金会"等等，他们可能会给你很多有趣的建议。

★ **资助一名儿童**：每个月定期向某个慈善组织捐一些钱，这些钱可以用来帮助一名儿童支付医疗费用、教育费用等等。

别忘了，资助就代表了承诺，每

3个可以帮助你的工具

青少年公益环保组织：
通过它，你可以在你的城市里发起很多项目。所有成员都是9—18岁的年轻人，由他们的同伴选出来。你可以去你所在的区政府或市政府咨询是否在你所在的地方有这样的组织。如果没有，你可以通过向区政府或市政府提议创建一个。

学校：
你在学校里能做的事情太多了！不要犹豫，把你的想法告诉老师，他们肯定会帮助你。

青少年环保志愿者协会：
可在校内或市内的共青团团委查询。

个月都要定期付款。你还会定期收到关于受资助的小朋友的消息，甚至有时候还能和 ta 见个面。

⭐ 加入志愿者的行列：每个国家都有志愿者组织，你可以听听老师和爸爸妈妈的建议，看看哪些活动你感兴趣，就实践起来。

为环境保护而行动

⭐ 参加环境卫生治理活动，可以通过新闻媒体了解相关信息。

⭐ 建立或者加入以认识和保护大自然为目的的俱乐部。

⭐ 加入大自然与动物保护协会。有些组织设有儿童部，如世界野生动物保护基金会、动物保护协会等。

⭐ 当然还有从自我做起，养成良好的生活习惯保护环境。

为公众权益而行动

⭐ 发表你的报道：可以从教育网站和有关少儿团体获得你需要的所有信息，帮助你实施每一个步骤。

⭐ 成为调解员：想要为减少校园暴力贡献力量的话，建议先让学校的成人调解员为你培训。

趣味测试

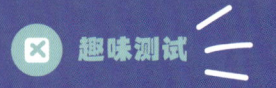

你是个好奇的人吗？

你对周围的世界持开放态度吗？来测测你的好奇心！

A 到了看新闻的时间：
2. 你会从头看到尾。
1. 你只关注自己感兴趣的部分。
0. 你会换个频道。

B 世界上其他孩子的生活……
0. 你并不关心。
2. 你非常感兴趣。
1. 你有点好奇。

C 当大人们谈论政治时……
1. 你试图理解。
0. 你会感到无聊。
2. 你会专心听他们的话并提问题。

D 如果可以选择，你想有……作为笔友。
2. 一个日本人，他会告诉你他们国家的风俗习惯。
1. 一个英国人，与他交流可以提高你的英语水平。
0. 一个中国人，住在同一个国家可以见面。

E 你上网主要是为了……
1. 准备历史课课件。
0. 给朋友们发邮件。
2. 关注新闻，搜集信息！

把你选择的答案的分数加起来。

0—3 分：并不太好奇……
世界、历史、时事似乎离你很远；学习任务和日常烦恼已经够你忙活的了！你的世界仅限于家门之内。试着打开窗户，看看外面的世界呢？

4—7 分：视情况而定……
你并没有把自己同外面的世界隔绝起来。只是有些话题你很感兴趣，有些你觉得无聊。对于前者，你愿意深入了解更多；对于后者，你选择忘记它们。这是你的选择！

8—10 分：特别好奇！
其他地方的人是怎么生活的？这个世界上正发生着哪些重大事件？这些问题都激发了你的兴趣！你对世界保持开放的心态，用心倾听，你渴望知识和新发现。祝贺你，你的好奇心非常旺盛！

无聊万岁！

你此刻感觉很无聊，不知道要做点什么？
太棒了，下面是邀请你什么都不做的4个理由。

它让你放松

在忙碌的课业中，稍作休息对你绝对是有好处的。有时候，让身心都得到放松是必要的。否则，压力可能会变得难以承受。

它提升想象力

不，你什么也不做的时候，并不等于浪费时间！恰恰相反！让思绪自由流动也是一种特别积极的行动！无聊会驱使你去创造、去想象、去做梦。新的想法会在这样的闲暇中自然涌现。神奇的是，当人无聊时，就会去创造！

@艾尔莎，11岁半

> 无聊的时候，我会想象好朋友无聊的时候做什么，讲故事，画画，创造一些东西，有时候，我就干脆睡一觉做个美梦！

@卡米耶，9岁半

> 如何应对无聊呢？我选择躺在床上，思考之前太忙没时间认真考虑的事情。

@吉汉娜，10岁半

> 无聊的时候，我会有点烦躁，甚至会开始漫无目的地走来走去。偶尔转变思维会给我带来新的想法！

它带你更深入了解自己

只有和自己面对面时，一个人才会去深思。虽然你并不一定乐意直面自己的问题，但如果你渴望成长，就一定不要错过这样的时机，通过自我反思来塑造性格！

它帮助你构建更坚实的内心世界

这个特殊的地方，未来会成为你的避风港。你是这个世界里唯一的国王，你将在这里找到放松、逃离现实的出口。

知识贴士

你是个合格的网络冲浪者吗?

想要安全地浏览互联网上的信息,请遵循下面的指南。

1. 隐藏踪迹

要记得隐藏你的踪迹!选择一个不会暴露你身份的昵称,不要用自己的真名或小名!密码设置也要用心,最有效的密码应该是大小写字母和数字的混合,记在一个小本子上以防忘记。

2. 警惕昵称背后的人

永远不要与网聊对象见面。什么样的人都可能隐藏在一个可爱的昵称后面,他可能跟你一样是某部最新最火电视剧的粉丝,也可能是……一个不怀好意的成年人。并且,朋友的朋友不一定是你的朋友!拒绝加陌生人为好友。对了,在法国,15岁以下的孩子禁止使用社交网络,你知道吗?

3. 仔细甄别

网络上有大量的信息在流通,但并不代表这些信息都是真的。点赞或转发一张图片、一段有趣的视频或文字信息之前要当心。有时候,有些人为了引起注意,会胡说八道或捏造一些假象……你应该始终将你在网上看到的东西与其他信息来源(书籍、报纸、电视纪录片等)进行比对。

4. 小心广告

绝对不要透露你的个人信息,包括家庭地址、父母电话、学校等等。如果一个游戏要求你填写一个非常详细的问卷以赢取大礼包或者和你的偶像共度一天的机会,请先咨询你的父母!让他们来帮你甄别真假,这样可以避免你的邮箱被垃圾广告塞满。

5. 及时告知

如果你看到了令人震惊的言论或图片（裸体、种族主义等），要跟父母说。如果有人在网上侮辱你或者问你索要私密照片，也一定要告诉父母。

6. 尊重他人

无论是发博客、逛论坛还是聊天，规则都是一样的：你要对你所写的东西负责。注意你的用词：不要使用粗鲁的语言，不要发表歧视性的观点，不要侮辱他人，不要造谣传谣。另外，网络上的文章和图片大多数是有版权的，不能任意取用，用的时候至少要标明出处！发布之前要先得到作者的许可。哪怕作者是你表姐，也要征询她的同意！要不然就自己创作图片。

7. 保护隐私

没忍住，在社交网络上分享了在朱莉家的派对照片！问题是，一旦照片上传到网上，你就控制不了它会被谁转发。你真的希望每个人都看到你穿睡衣的样子吗？在自己或者允许他人发布照片之前，一定要慎重考虑。

8. 控制时间

上网之前，问问自己为什么要上网。在没有明确目标的情况下，很容易在网上浪费时间。如果你正在和朋友聊天，设个闹钟。一旦闹钟响起就结束！

9. 尊重版权

使用盗版产品就是偷窃！电影和音乐作品都受到版权保护，一言以蔽之，就是未经许可禁止复制。使用盗版产品可能会面临断网、高额罚款，甚至坐牢等情况！那要怎么做呢？可以付费下载，或者在网络广播上创建你的播放列表，或者使用已经公版的作品。

趣味测试

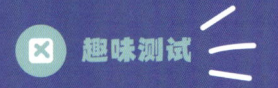

你是哪一种网络沉迷者？

电子屏幕在你生活里的比重有多大？做完下面的测试就知道啦！

1 翻译："鸡你太美"：
- 一只很美的公鸡
- 夸一个人很美
- "只因你太美"

2 外面阳光明媚，佐伊提议去游泳：
- 好的，但必须在 16 点前回来，我要看《生活多美好》。
- 稍等一下，我去拿我的泳衣！
- 对不起，我去不了，我正在跟罗曼视频呢！

3 你的日常生活是：
- 看一集家庭剧，就这样了！
- 看你最喜欢的电视剧，上网一小时和玩一局游戏。
- 与你最好的朋友米拉网聊，还有一点看电视时间。

4 当你最喜欢的剧完结时…
- 你会继续看第二季。
- 你会换台。
- 你会关掉电视。

5 在这个游戏中，你总是赢！
- 《1000 英里大师赛车》
- 《舞力全开》（Wii）
- 《时装秀：购物大变身》。

最多 😀：
你是明白人！
你对网络和电视的利弊如数家珍！无论是搜集资料，还是享受你最喜欢的剧集，你都能合理利用这些工具。但用完之后，你会全身心投入到新的活动中去。你对工具理解得很透彻！

最多 👻：
真是太嗨了，你已经上瘾了！
面对屏幕，你有点难以自拔。你要么守着心爱的电脑，要么沉迷于电视，仿佛外面的世界已经消失……连日常生活都被你忘得一干二净！多尝试一些新鲜事物吧（比如运动、散步、阅读等），这是摆脱对屏幕过度依赖的最好方式。

最多 ♡：
完全没兴趣！
无论是手机、电视、游戏机还是电脑，你都能轻松自如地无视，即使这种无视有时会让你跟朋友们没话聊。屏幕是不是给你带来了恐惧？只要你能控制好自己，不沉迷，就能借助屏幕发现很多有趣的事情。偶尔试试吧？

父母禁止我上网

在法国如果你还没到15周岁，他们就没做错！你知道吗，大多数社交媒体都是设定给15周岁以上的用户使用的。当我们注册这些网站或应用时，需要提供很多个人信息，这些信息可能之后会被转卖给很多公司！知道为什么大人总是会接到推销电话了吧。在社交平台上，我们无意中分享了许多信息：兴趣爱好，家人照片，甚至会添加一些在现实生活中从未见过的人作为"朋友"。这就好像你把自己的日记本公开给全世界看一样！问题在于，一旦你发布了这些信息，人人都可以取用。有人可能会复制你的照片和信息到处传播，一经发布，也许再也无法从网络上抹去了！

而且，这些网络的绝大多数用户是成年人。你的父母可能担心你会遇到不好的人，或者有人会恶意复制你的个人信息。当你充分理解了社交网络的潜在风险后，你可以和父母再讨论这个问题。请他们帮助你设定个人资料，让他们看到你在使用这些应用时是很谨慎的。一旦出现任何问题，立刻离开。

专家提示：

在没有适当设定隐私设置的情况下，先别浏览社交网络。这些设置决定了谁能看到你分享的信息。更重要的是，你需要经常检查这些设置，因为这些应用总是不断在更新变化！最好的自我保护方式是仅将你的空间开放给你现实中的朋友（也就是你真正认识的人），在发布任何内容前都要三思而后行。发张泳装照？还是不要了！此外，在社交平台上，你就像是杂志主编：如果有人在你的页面上发表了不当言论，你要为此负责！

多米尼克·得勒姆，
法国"网络倾听"
（Net Écoute）
公益机构负责人

知识贴士

电子屏幕，别掉进它们的陷阱！

懂得享受电视、iPad、电脑或手机的乐趣很好，但前提是要知道如何正确使用，不要成为它们的奴隶……

如今，7—12岁的孩子每周花在电子屏幕上的时间超过21小时30分钟。年复一年，这些数字在不断攀升。玩手机、iPad和电脑成了你最喜欢的活动之一。为什么它们这么受欢迎呢？很简单：能让人放松，能打发时间，方便社交，还能学习新知识，等等。问题是，过多或者错误使用屏幕设备会对健康造成极大的伤害。专家建议每周的屏幕时间最好不超过10—14小时。哎呀，你是不是超出了很多？！

潜在风险

你会面临什么风险呢？你可能会不知不觉中在屏幕前待上好几个小时，因为所有这些产品的设计师都想让你一用就上瘾！不断地弹出诱惑人的广告，让你待在屏幕前乐不思蜀……

至于电视，它具有催眠般的力量。屏幕的闪烁肉眼无法察觉，却能让观众陷入半睡眠的状态。爸爸叫你吃晚饭，你却根本听不见！

其次，虽然屏幕设备能够激发你的创造力，让你感觉不那么孤独，它们也能让你陷入困境。在互联网或社交媒体上，你的一举一动都可能被追踪。如果不设置隐私，随便谁都能知道你的兴趣爱好、你住在哪个城市、你去哪里度假，以及很多其他信息！面对屏幕，你思考得越来越少，满足于"点赞、分享"而不去理解或辩论，就越容易被裹挟和操控。更重要的是，你看到的世界并不总是现实的反映。例如，社交媒体喜欢用各种方式（包括欺骗和断章取义）来吸引注意力，你看到的很多照片都是经过处理的，不是真实的状态。

如果你缺乏自信，看到网络上到处都是漂亮和快乐的人，是不是会有点沮丧？社交网络为了让你"交出"更多的个人信息，会鼓励发表各种评论，包括那些不太友好的……

最后，你的健康也会受到影响：睡眠障碍、

知识贴士

易烦躁、暴饮暴食等，如果你没日没夜地把注意力放在屏幕上，你将跟外部世界隔离开来，大脑发育也会受到影响，这值得人深思是不是？

行动起来

结论：你不用把自己的电子屏幕扔进垃圾桶，但要先问问自己想怎么使用它们：为什么而用？使用"屏幕"会给你带来什么？相信你会找到合适的方法来使用这些神奇工具的！

☆5个方法摆脱屏幕依赖☆

1. 你上瘾了吗
测试一下你对屏幕的依赖程度。试着在一个星期内不使用任何电子产品，当你感到难熬，当你有情绪波动的时候，记录下你在这段时间里做的事情。

2. 筛选节目
和父母一起制订一个屏幕时间表，每天设定好使用时间，这张表上也可以列出其他的学习和娱乐活动。

3. 学会关机
你看的节目播完了吗？你刚刚闯过一个游戏的关卡。要抵制"再来一次"的诱惑，立即关掉屏幕。一个提示：如果屏幕开始让你感到烦躁而不是快乐，那就是时候干点别的了！使用屏幕前给自己一个明确的目标，也可以在面前放一个闹钟，到时间了它可以提醒你，最好在即将开始其他活动（例如空手道课或晚餐）前使用屏幕，不容易超时。

4. 不在卧室放电子产品
在卧室里放电子产品就像在鼻子底下放糖果罐，这样的诱惑谁能抵挡得住？

5. 和家人交流如何使用电子产品
和家人一起玩个游戏，一起看部电影，一起聊聊怎么用这些工具……也关注一下屏幕背后的故事：这个节目是如何制作的，拍视频的人用了哪些设备，这个搞笑视频从哪里来的等。

> 为你支招

日记使用说明

日记有什么用？

当然是用来倾诉心事的！不管成人还是孩子，随时找到一个可以袒露心扉的人倾诉是很难的。因此，日记就成了理想的知己！在日记面前，你不用害怕被嘲笑或被误解。更重要的是，日记绝对不会评判你。它还可以减轻你的痛苦：把一页页的白纸涂黑可以释放情绪。写日记还能帮助你更理性地看待问题，烦恼在字里行间仿佛就变轻了。

需要每天都写吗？

不用！可以是每周一放学后，也可以一天写好几篇之后两个月一个字都不写……不用强迫自己。你会发现，想写的时候，字句会自然而然地涌现。

可以在日记中写些什么？

想写什么就写什么，包括你的想法、感受、梦境、白天做过的事、你的快乐、你的忧伤，没有什么限制。你甚至可以摘录些笑话、诗歌或者粘贴有纪念意义的小玩意儿（照片、电影票等）。

日记应该藏在哪里？

你可以把它夹在两本书之间，也可以夏天找一件羊毛套衫仔细裹好放到你的衣柜里，冬天用沙滩毛巾短袖包好放到衣橱顶上或床底下。

为你支招

⭐ 回头翻看日记时，可以看到自己是如何一点点变化成长的，这种感觉真是太棒了。

玛丽翁，12岁半

⭐ 我的日记里记录了很多别人想不到的秘密。当我想说什么却不能说的时候，我就记在日记里。日记就像是个"出气筒"。日记本的钥匙，就藏在一张贴画的后面呢。

苏珊娜，13岁

⭐ 如果一天过得很糟糕，你可以把它写日记里，会好受些。而如果你一天过得很快乐，也可以记下来，以后读起日记的时候，过往的快乐会复活。

蒂凡妮，11岁

⭐ 我从10岁开始记日记。每晚睡前在床上记录下我的快乐、我的痛苦，有时我还会加些图画、照片或者不干胶贴画。

露，12岁

⭐ 我的日记里除了记录我每天的生活，还有我的秘密、我画的小画、我的思考。秘密憋在心里很难受，你需要一个除最好朋友之外的倾诉对象。

卡罗尔，13岁

⭐ 跟日记倾吐秘密要容易得多，你不需要犹豫什么该说什么不该说，如果面对的是

☆ 你知道吗？ ☆

在18世纪的法国，写日记是强制性的。女孩子必须写下每天的总结，借此提高她们的记忆力和写作水平，当然更重要的是为了监视她们的思想。

一个真人，讲出自己内心最真实的感受有点难。

肯扎，12岁

⭐ 有个日记本很重要，当你把烦恼写下来的时候，烦恼会减轻许多。就像出门钥匙就挂在脖子上，让人很安心。

佐伊，11岁

⭐ 日记可以让我宣泄感情。不过它还是比不上朋友，因为你跟它说话的时候，它不会回应。

劳拉，10岁半

难题急救

我想当个明星！

我理解你，不管是电视上的真人秀，还是各种长短视频，都会让人产生一种错觉，当明星很容易！可对你来说，成为明星究竟意味着什么呢？

是受人仰慕、极其富有，还是可以……四处旅行？你真的想清楚了吗？也许你只是被这个行业"光鲜"的一面迷住了？注意，不是谁都能成为明星的。想要成名的人太多，而最终成功的人太少。即使有才华也不够，因为背后还需要付出其他看不见的沉重代价。

你的穿着打扮、言谈举止甚至是性格特点往往不能真实呈现，而是经纪公司事先设定好的。可即便如此，仍然随时有可能让那些狂热的追星族失望。

这种压力让人难以承受，需要非常强大的精神世界。名气也总是捉摸不定，可以一夜之间成名，也可以一夜之间被弃。了解这些以后你还想做明星吗？如果你依然想成为歌手、演员或者其他什么明星，那就努力奋斗吧：参加培训班，学习创作歌曲……但是，千万不能为了出名而不惜一切代价。要为了快乐而努力，让自己快乐是最重要的事。

@索拉雅，13岁

明星可不是个普通职业，你首先要有个文艺爱好，唱歌、跳舞、演戏等，并且你还要比别人更有天赋。你可以先进一家经纪公司当练习生试试运气！

@艾美丽，9岁

我和你一样，也想当明星，之所以我们都梦想成为明星，是因为他们的生活太令人羡慕了，不过，我也知道，光鲜背后一定藏着许多艰辛！

你觉得自己 20 年后会是什么样子的？

当你想象自己成年后的样子，肯定会是幸福的！
但是，对你来说，什么是幸福呢？

使用方法：选择 6 个最符合你想象的选项。

20 年后……

- 你将在父母家里度过宁静的周末。
- 优异的学习成绩将帮你开启人人羡慕的职业生涯。
- 你将游历许多美妙的国度。
- 你将有一个孩子，甚至 2 个或 3 个。
- 你会觉得自己比现在更漂亮，更风趣，更有修养。毫无疑问，变老是一件好事！
- 你将从事一项伟大的事业，每天早晨起床都动力满满。
- 或许，你会辞掉工作，全心全意照顾小家庭。
- 你将实现你最疯狂的梦想。
- 你能赚到很多很多钱，买得起你喜欢的所有东西！
- 你将与你的白马王子结婚。
- 你的老朋友一个都没丢……你们会一起开派对！
- 在工作中，你是最棒的。

最多 👻：家庭美满

如果 30 岁时还是单身，你会觉得自己错过了好多好多！你的理想是什么呢？有一个爱你的丈夫，有一个（或几个）可爱的孩子，家人围绕在你身边，充满爱意。这就是你所期待的幸福。

最多 😋：事业成功

既然成年意味着要工作，你希望从事一项充满激情的工作（最好还有丰厚的报酬）。你有抱负，准备为取得成就做出牺牲……为什么不能做一个成功的人呢？

最多 💟：实现梦想

拥有一个未婚夫、一份工作和足够的钱，你当然不反对。但这些并不是你优先考虑的事情！最重要的是实现你心中的梦想，保证你和所爱之事之间的和谐关系。

> 知识贴士

长大是需要时间的

你迫不及待地想要长大？没问题，
但忽视某些必要的成长步骤会导致问题……

你有无忧无虑的权利

小孩子在饭桌上不能说话的时代已经过去了。现在，大人们会跟你平等地讨论问题，征求你的意见，他们会认真对待你的观点。你已经长大了，看起来什么都懂，于是父母就开始什么都跟你讲了，包括成年人在经济、工作甚至是情感上的各种困扰。你也跟着焦虑起来了。作为孩子，你太想帮帮他们了……打住！

你确实比以前的孩子知道得更多，但并不意味着你已经全然成熟。长大需要时间，你不必事无巨细地什么都插手。当然，也不能对什么都漠不关心，父亲失业了你也当什么都没发生。但你不需要承担解决问题的责任，这是大人的事情。你有权利暂时不焦虑未来。

建议：当你的父母过多谈论个人问题并频繁征求你的意见时，你有权利拒绝参与，同时坦陈自己内心的不适。

你可以不立即做出选择

选择寄宿还是和爷爷奶奶一起住？是住在爸爸那还是妈妈那？学英语还是德语？不必急于做决定。有些选择没那么简单，它意味着放弃其他选项并承担可能的后果。你年纪还小，做重大决定时可能考虑不够周全，也并不能独立承担相应的责任。

建议：你可以告诉大人你害怕将来后悔，但你愿意讲讲自己的想法。

你有玩耍的权利

布娃娃？那是小屁孩才玩的！你现在喜欢在镜子前扮明星或者化各种风格的妆。关注外表并不是坏事，外表是别人认识你的第一扇窗户，但要注意，你如果过于注重外在形象，就有可能忘记真正的自我。不要受名牌广告的影响，广告商利用你迫切想长大的心情，向你推荐各种只适合成年人的商品：高跟鞋、超短裙、露脐装，别上当。

把扮成大人当作偶尔的游戏也未尝不可。但假如你天天穿大人的衣服，就有些不合适了，衣服不会像魔法棒一样让你一瞬间成熟3岁，你还不具备一个成年人的思维，你不会意识到购买这些衣服是一些人悄悄设下的陷阱，而这样的穿着打扮也很可能会吸引一些不善的目光……这真的是你想要的吗？

建议：你现在正处于发展个性的年龄。多参加活动，保持好奇心。如果你喜欢偶像的装扮，可以买一两件试试，但不要全盘复制。

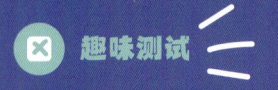

你适合从事什么职业？

做完下面的测试题，你会多一点方向。

测试方法：每个句子可以选 0—3 个星星，不用考虑图标。选择的星星越多，就越符合你的情况。

- 你写作业不需要父母监督，自己就能安排得井井有条！★★★
- 你有特别多办家庭聚会的好点子。★★★
- 你总是站在弱者一边。★★★
- 有朋友不同意你的观点？你会找到论据来说服她。★★★
- 在大自然中，你能很快恢复活力。★★★
- 你不断支持和帮助身边的朋友们。★★★
- 同时做三件事，对你来说很容易！★★★
- 你试图让你的朋友们也喜欢上你的爱好。★★★
- 你讨厌接受命令。如果需要有个人下命令，这个人就是你！★★★

- 你通过散步来放松心情。★★★
- 那些只考虑自己的人让你烦。★★★
- 在公众面前表达自己，对你来说没有任何问题；你喜欢有人聆听你的声音！★★★
- 你更愿意自己准备 ppt，而不是团队合作。★★★
- 你会把笔记本弄得很有个性，这样会跟别人都不一样。★★★
- 对于你这种活泼的人来说，坐着不动或者被闷在家里是一种艰难的考验。★★★
- 你更愿意依靠自己，而不是别人。★★★
- 你梦想自己成为超级英雄，拯救世界。★★★
- 你喜欢遇见新朋友，结交新伙伴。★★★
- 按部就班的生活让你感到厌倦。★★★
- 你很擅长雕塑艺术，可以借此自由表达自己！★★★

看看哪个图标得到的星号数最多，就能知道你最适合的是什么职业：

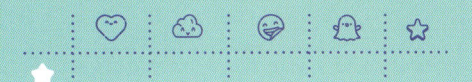

图标得星号最多 ♡：
适合自由职业

团队工作不是你的强项，除非你是团队的领导。你有些专制和孤僻，不喜欢依赖他人，总在自己的一亩三分地勤恳耕耘。如果你被孤立了，那也得接受，争强好胜的性格的确不容易合群。

未来职业：企业家，店铺经理，研究员，法官，翻译，独立记者……

图标得星号最多 ☆：
适合户外职业

让你整天窝在办公室扎在文件堆里，你会很难受的。你喜欢释放你的能量。接触大自然，尤其是每天都做不同的事情，这样才能保持你的生命活力……

未来职业：护林员，火山学家，景观设计师，动物护理员，高山导游，农场主，鸟类学家……

图标得星号最多 ☁：
适合艺术设计的职业

你平均每分钟可以产生10个新想法。即使别人要求你放慢节奏，也抑制不住你的想象力。试着集中一下注意力，避免精力太过分散。对你这样富有创造力的女孩来说，最困难的事儿就是把已经开始的项目做完。

未来的职业：摄影师，演员，时装设计师，游戏设计师，建筑师，插画家或手艺人（比如厨师，糕点师，高级木工，花店老板，珠宝商）……

图标得星号最多 👻：
适合对外联络的职业

你特别擅长社交，2分钟内就可以跟一个陌生人熟悉起来。和你相处总让人很愉快，你总是很愿意分享你的喜好。但要注意，当你发觉别人的注意力没在你身上时，你会感到恼火。

未来的职业：记者，销售员，药剂师，教师，导游，社区经理……

图标得星号最多 😄
适合服务他人的职业

毫无疑问，你是大家可以信赖的女孩。你大方、无私，总是愿意帮助别人，甚至可以为了他人的利益而牺牲自己的利益。你不求回报，帮助到别人会让你觉得自己很有价值。

未来的职业：医生，护士，社会工作人员，律师，书店老板，教师，消防员，心理咨询师……

知识贴士

3个线索帮你预测未来的理想职业

你有很长时间用来思考这个问题，不过，如果你迫不及待地想多了解一些，我给你提供几个线索吧……

我的想法总是在变！

正常！因为此时的你对自己的了解还不够深入完整，你的兴趣也会随着时间而发生变化。极少有8岁的孩子能确定自己将来要做什么，一般要等读了高中之后才会慢慢确立自己职业规划的方向。就目前而言，你要做的就是好好享受生活。

明确你的兴趣

多花点时间，好好探究自己最喜欢什么（照顾小孩、探索世界、研究失落的文明……），这样就很容易找出真正适合自己的职业了。也可以通过信息指导中心、图书馆或大学资料中心查询相关资料。

☆ **不要相信偏见** ☆

你梦想成为机械师或者飞行员？一定有人会劝你放弃，告诉你这是男人才能做的职业。千万别听这种话！假如你真的喜欢这些职业，努力接近目标就好。现在已经没什么职业是只有男人或只能女人才能做的了。当然，只有加倍努力才能实现梦想。

永远保留梦想的权利

学习成绩好当然会助你一臂之力：你有很多别人没有的选择，但即使学习成绩不好，也不必限制自己。你想成为兽医，谁能一口断定你就没机会成功呢？如果你还没有想好，可以先找准自己的擅长点，找一份能用好你长处的职业，这样就更容易成功了，当然前提是这份职业也是你喜欢的。

索引

A B C
安抚物 58
暴力 86–87, 153–155, 176
嘲笑 59–60, 150–152
吵架 90–91
成长 9–10, 20, 56–57, 62–64, 126, 140–147
出汗 32

D F G
电视 37, 212, 214, 218
痘痘 29, 34
分离 58, 95
愤怒 49, 54, 187, 191
父亲 40, 146, 160
父母 37–39, 53, 158, 160–165
个性 68, 84, 196, 197

H J L
害羞 61–63
互联网 86, 210–213
嫉妒 50, 94, 149, 152
记忆 101, 145
教师 132–133, 142, 146, 148–149
金钱 166–168
离婚 177–182
恋爱 78, 111, 119, 120
留级 134

M N
秘密 82–83
秘密花园 77
明星 99, 218
美丽 28, 34, 45
梦想 204, 206, 224
母亲 8, 13–14, 18, 24, 34, 125, 159
男生 88, 106–110, 112, 116, 119, 120

P Q
皮肤 32, 34, 173
朋友 72, 74–75, 77–78, 80–81, 84–85, 94–101
庆祝 202
欺凌 87, 153

R S T W
日记 37, 51, 216
乳房 12–14, 21
身高 19, 25
睡觉 35–37
手机 170, 214–215
体重 22–27
体毛 31
头发 30, 34
外貌 19, 29, 45, 66–69
无聊 209
卫生 18, 32

X Y Z
想象力 198–199
学校 124–125, 130–132
学习 126–129, 138, 146
笑 55
夏令营 120, 172
压力 54, 135
牙齿 38, 39
隐私 174, 210
友谊 73–75, 101
忧伤 76
运动 126, 196–197
月经 15–18, 21
职业 218, 222, 224
自然 206–207
指甲 33
尊重 74–75, 77, 91–93, 137, 174, 211
作业 140–141
争吵 91, 177, 192–193
自我怀疑 44–45, 48, 64–65

编辑注：所有关键字对应的页码为相关内容，而非主题。

致 谢

卡罗琳·加尔德（Caroline Gardes），心理咨询师
米歇尔·拉戈尔斯（Michel Lagorce），英语教师
尚塔尔·阿贝尔（Chantal Habert），荣誉教师
让-菲利普·雷诺（Jean-Philippe Raynaud），图卢兹医院儿童和青少年精神科主任
希尔薇·孔帕尼奥（Sylvie Companyo），心理学家，图卢兹父母学校校长
皮埃尔·西蒙（Pierre Simon），心理咨询师
米歇尔·佩洛（Michèle Pelou），精神科医生
玛丽·西蒙（Marie Simon），家庭调解专家，专门研究家庭变故导致的儿童心理问题，心理学博士
安妮克·布维·拉佐斯（Annick Bouvy Lazorthes），妇科医生
琳达·福肯（Linda Faucon），抗癌联盟主席
凯瑟琳·舒尔（Catherine Schor）临床心理学家，《童年与分享》杂志主编
贝阿特丽丝·朱雷特（Béatrice Jouret），图卢兹大学医疗中心儿科内分泌疾病专家
布里吉特·库雷（Brigitte Coudray），营养师
米歇尔·巴伯（Michel Barber），小学教师
多米尼克·加菲·勒麦尼昂（Dominique Gaffie Lemaignan），临床心理学家，精神分析师
乌尔班·卡尔韦（Urbain Calvet），儿童睡眠专科医生
贝朗热尔·波雷特（Bérangère Porret），妇科医生
巴贝特·迪亚兹（Babette Diaz），代际关系调解员
杰拉尔·洛雷特（Gérard Lorette），皮肤科医生
多米尼克·得勒姆（Dominique Delorme），法国"网络倾听"（Net Écoute）公益机构负责人

当然还要感谢所有愿意分享亲身经历的女士们，你们太棒了！

特别感谢奥利弗（Olivier），在我漫长的持续几个月的写作过程中你一直鼓励着我，让我从未动摇，你的支持非常宝贵。

感谢安妮·拉米（Anne Lamy）的宝贵建议，也要感谢布里吉特·卡雷尔（Brigitte Carrère），玛丽·德·拉图德（Marie de Latude），斯蒂芬妮·索尼尔（Stéphanie Saunier），英格丽德·恩菲菲（Ingrid Nfifi），安娜·皮奥特（Anna Piot）。

感谢伯纳德·克莱蒙特（Bernard Clément）让我梦想成真，你对我的信任从未改变。

本书中所有关于青少年的分享均为真实采集，为保护他们的隐私，姓名均做过处理。